AF288669

SVEN HANUSCHEK

Wir leben noch

Ida und Erich Kästner, Kurt Vonnegut
und der Feuersturm von Dresden

Eine Zugfahrt

Atrium Verlag · Zürich

Wirklichkeit ordnet sich nur unter,
wenn man sie sich ausdenkt.

Alexander Kluge

– Some day, we will all die, Snoopy!
– True, but on all the other days, we will not.

Charles M. Schulz

1

Das Dresdner Staatsschauspiel hat mich eingeladen, mir das Leben Erich Kästners auf der Bühne anzusehen. Sie stellen es mit Kindern dar: sechs an der Zahl – Mädchen wie Jungen mit Hornbrillen, grau gefärbten Haaren, Zigaretten und Whiskygläsern – und ein erwachsener Schauspieler. Zusammen spielen sie Kästners Leben, dazu die Menschen aus seiner unmittelbaren Umgebung. Wenn's sein muss, auch in durchfallbraunen SA-Uniformen. Dafür haben die Dramaturgin, der Regisseur und der Hauptdarsteller die Kästner-Biographie ein bisschen geplündert, die ich zu seinem Hundertsten veröffentlicht hatte; *inspired by* sagt man ja heute. Die Kinder rezitieren auch das titelgebende Gedicht: *Keiner blickt dir hinter das Gesicht*. Die Geheimnisse des Erich K.

Eine Reise nach Dresden kommt mir gerade gelegen. Schließlich will ich darüber nachdenken, wie sich die Geschichten von Ida Kästner und Kurt Vonnegut im und nach dem Dresdner Feuersturm erzählen lassen: der Mutter Erich Kästners und des Autors von *Schlachthof 5* oder *Der Kinderkreuzzug*, einem modernen Klassiker der Weltliteratur. Vonnegut versucht, sein Entsetzen über die Zerstörung Dresdens zu versprachlichen, ohne sie plan und direkt nachzuerzählen.

Aus der ersten Dresden-Reise wurde nichts, einen Tag vor der Premiere musste ich absagen: eine Mittelohrentzündung. Danach war ich ein paar Wochen lang halb taub, umgeben von einer Welt in Watte, nicht unbedingt nur von Nachteil.

Für die Geschichte, die ich erzählen möchte, brauche ich eine andere Sicht als die der britischen Piloten. Es gibt eine Fotografie der Bombennacht auf Dresden, vom 13. auf den 14. Februar 1945, aufgenommen zu Beginn der zweiten Welle: eine schwarze Fläche mit kleinen leuchtenden Punkten. Die abgeworfenen Markierungskaskaden haben die Ziele erhellt, damit die Bomberpiloten auch treffen; die erste Welle hat weithin sichtbare Feuer hinterlassen.

Ein Funker hat nach unten fotografiert, und der Hauptmarkierer hat an den Masterbomber durchgegeben: »Die Bomben scheinen jetzt ausgezeichnet zu fallen.« Der Masterbomber antwortet: »ES SIEHT RECHT GUT AUS.«

Ja, es sieht gut aus: wie ein abstraktes Gemälde in Schwarzweiß. Oder wie eine der Schmuckseiten aus Laurence Sternes *Tristram Shandy*, modern bearbeitet für das 20. Jahrhundert. Aus dieser Perspektive wird die Unmenschlichkeit von Abstraktion ganz deutlich, ohne die wir aber nicht auskommen. So wenig Abstraktion wie möglich, so viel wie nötig, wie geht das? – Es ist sehr schwer, sich in die Position der Menschen da unten zu versetzen, dazu braucht es die Literatur, zum Beispiel. Hier können wir lesen und günstigenfalls nachfühlen, dass die das ganz anders wahrgenommen haben.

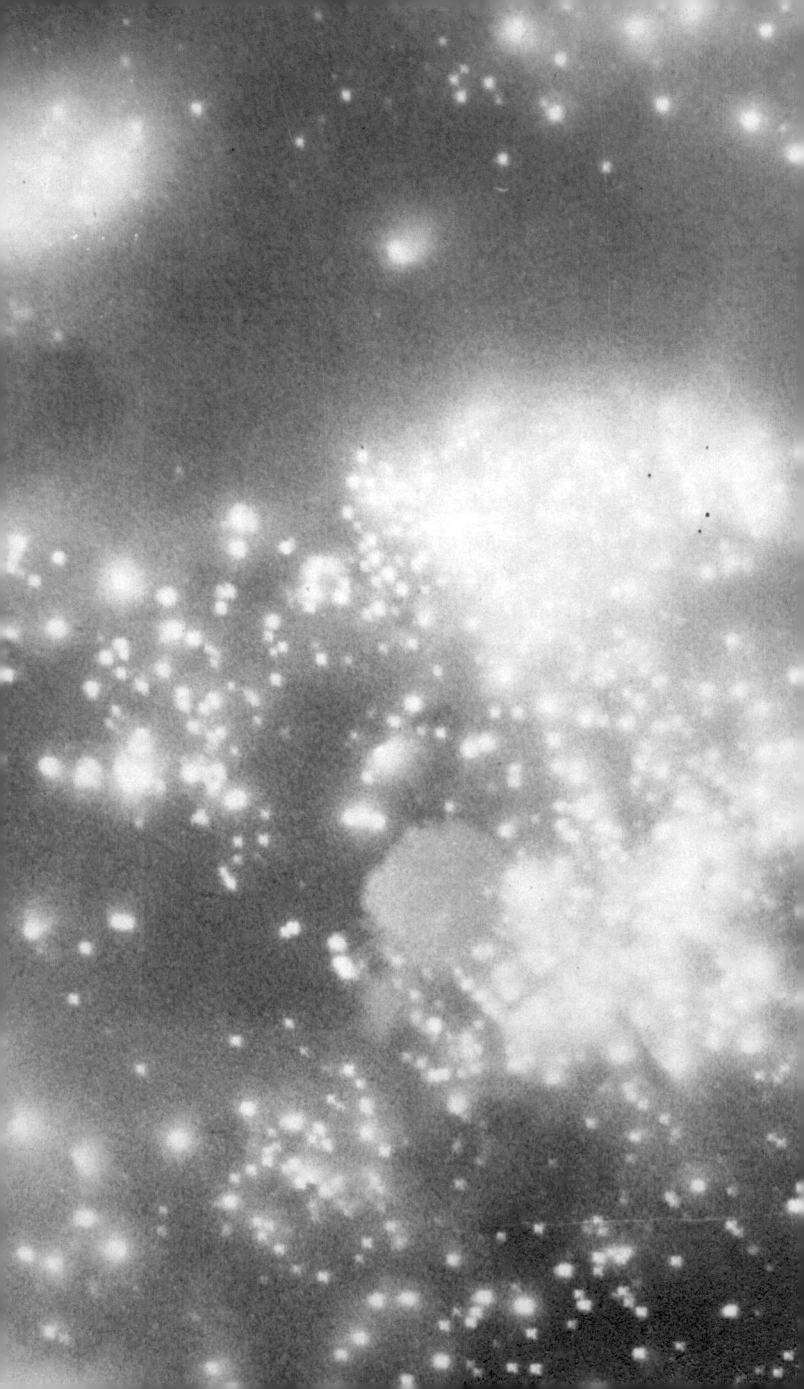

Was weiß man heute schon von Dresden? Vor allem, wenn man im Süden Deutschlands lebt und von dort nur die Nachrichten hört, die politischer Natur sind: Neonazis Pegida AfD. Wer schafft es am besten, den Tunnelblick und die Volksverachtung seiner Anhänger aufrecht zu halten, nur keine Nachrichten aus der Wirklichen Welt. Die anderen Dresdner gibt es auch, und sie werden weiterhin die große Mehrheit sein. Sie krakeelen nur nicht ständig in den Medien herum. An sich mag ich den sächsischen Dialekt, der so antipathetisch ist wie vielleicht nur noch das Jiddische: *Machd doch eiern Drägg alleene*, soll der letzte sächsische König bei seiner Abdankung gesagt haben.

Sieht man noch etwas von der Katastrophe im Februar 1945? Die Altstadt, auch die Frauenkirche, ist ja wiederaufgebaut, so schön und beeindruckend wie zuvor, das erzählen mir alle, die dort waren. Seit ein paar Jahren ist das alte Wahrzeichen der Stadt wieder das neue, ich hab's die letzten Male immer nur von außen gesehen. Es muss komisch sein: George Bährs barocker Prunkbau aus der Zeit von August dem Starken, selbst schon ein bisschen *inspired by* Santa Maria della Salute in Venezia, dann nach dem Feuersturm zusammengefallen und aus den Trümmern neu gebaut: Barockarchitektur mit dem Geruch von frischem Beton, Tourismus-Erleichterungen mit modernen Bänken, vielleicht noch einem Aufzug in die Kuppel, Defibrillatoren und Notfallsofas am rechten Ort. Wo wirklich noch die alten Steine sind, wird man nicht erkennen, alles neu verputzt und verdeckt ... Kinder, die in einer Kirche gezeugt worden sind, sollen Glückskinder sein, so geht ein alter Aberglaube. Ob das auch für eine zerstörte und dann rekonstruierte Kirche gilt? Wie viele Kinder sind schon gezeugt worden in der neuen Frauenkirche, mit der Hilfe Unserer Lieben Frau, unter dem Defibrillator?

Kurt Vonnegut hat sich geärgert, als er vom Plan des Neubaus hörte. Für ihn war die Ruine das vollkommene Monument, eine Erinnerung an die Anstrengungen der westlichen Zivilisation, Selbstmord zu begehen – in zwei Weltkriegen. Vielleicht haben die Stadtplaner wenigstens ein paar Gedenkruinen stehenlassen, wie die Erfurter die Ruine ihrer Barfüßerkirche. Alles wegzurenovieren wäre keine Schönheitsoperation mehr, sondern schon Geschichtsfälschung. Oder Disney, heile Welt, *made of plastic and elastic*.

Die Toten kommen davon nicht wieder. Es gibt sie nicht mehr.

2

Ich will sehen, wie Dresden heute aussieht; nach Spuren suchen, Jahre nach der ersten Spurensuche, die ich 1998 unternommen hatte. Damals hatte mir die Stadt besonders gefallen – nicht nur die beschädigte Grandezza der Altstadt noch ohne Frauenkirche, auch Straßenzüge in der Neustadt, die kleinen Villen zum Elbufer hin, Kleinzschachwitz, die Fähre über den Fluss,

Schloss Pillnitz, wo eine Freundin als Fremdenführerin arbeitete. Es war eine ganz andere Suche: Da ging es um Erich Kästners Leben, um sein Viertel, die Dresdner Neustadt, die größtenteils stehengeblieben ist. Ein Lokalhistoriker, Heinz G. Schmidt, hat uns durch das Viertel geführt, den Milchladen der Gebrüder Pfund gezeigt, den Alten Jüdischen Friedhof, die vielen Hausnummern in der Königsbrücker Straße, unter denen Kästner und seine Eltern gewohnt hatten. Zuerst in der Nummer 68, dann weiter vorn in der Nummer 48, immer näher an den Stadtkern heran, immer bessere, teurere Adressen und niedrigere Stockwerke, die Beletage im Blick; zuletzt in der Königsbrücker Straße 38 im zweiten Stock. Ida Kästner wollte aufsteigen, und das war an den immer niedrigeren Hausnummern und Stockwerken abzulesen. Ihr Sohn musste diese Ambitionen nicht nur aushalten, er musste sie einlösen.

Ich steige am Münchner Hauptbahnhof in den Zug, weil ich von Ida Kästner erzählen will und von Kurt Vonnegut, einer alten Frau und einem damals noch sehr jungen Mann. Verrückterweise sind knapp siebzig Jahre nach der Bombardierung Postkarten und Briefe Ida Kästners versteigert worden, und das Deutsche Literaturarchiv in Marbach, seit ein paar Jahren Hüter des Nachlasses von Erich Kästner, hat sie gekauft. Womöglich hatte ich die Postkarten Ende der neunziger Jahre schon einmal in der Hand, ich erinnere mich an das Befremden auf einem Flohmarkt der Berliner Museumsinsel und an die Anrede: *Mein lieber guter herzensguter Junge.* Kästner hatte eine Berliner Sekretärin, Elfriede

Mechnig, die nach dem Krieg als Literaturagentin arbeitete und einen Teil von Kästners Nachlass besaß. Den Löwenanteil hat die Berliner Akademie der Künste, aber Mechnig hat anscheinend gestreut; es tauchen immer wieder mal Teile aus ihrem Erbe auf, so auch damals auf dem Flohmarkt oder, vornehmer, der Antiquariatsmesse. Aber als stellenloser Germanist kauft man sich keine Antiquitäten, so verwundert und affiziert man ist. Man würde schon kaufen, aber wovon? Und ich bin kein Autographensammler, eher ein Werkausgabensammler. Wenn man auch noch mit Handschriften einzelner Autoren anfinge, wäre man festgelegt, ein kritikloser Fan eines oder einer Einzelnen. Das Schöne an der Literaturwissenschaft ist doch, dass man ein riesiges, unabschließbares Arbeitsgebiet hat, zu dem ständig neue Autorinnen, Autoren, Werke dazukommen, die reine Völlerei, bis man irgendwann am letzten Pfefferminzblättchen platzt.

Die Fahrt nach Dresden dauert gut fünf Stunden. Genug Zeit, sich zu überlegen, wie die beiden zusammenhängen, Ida Kästner und Kurt Vonnegut. Mindestens für eine Skizze sollte es reichen, die ich ausformulieren kann, wenn ich wieder zurück bin. Man kann im Zug nicht ordentlich schreiben, nicht mit der Hand. Mit dem Laptop noch eher.

›Die exemplarische Dresden-Katastrophe‹, das habe ich schon oft gelesen. Wieso eigentlich exemplarisch? Für wen? Wofür? Für Kriege, für das, was Menschen einander antun? Für das, was der Verein zur Verschlechterung des Lebens in Deutschland angerichtet hat? Die

Populisten sind neue Vereine dieser Art – in einem wirtschaftlich prosperierenden Land mit einer Arbeitslosigkeit, die seit zehn Jahren sinkt, mit einer Kriminalitätsrate, die trotz der Taten einzelner Wahnsinniger so niedrig ist wie seit einem Vierteljahrhundert nicht. Die neuen Vereine zur Verschlechterung des Lebens wollen abschaffen, was für alle gut gelaufen ist in den letzten Jahren. Deutsche! Die Flüchtlinge wollen euch eure Villen am Starnberger See wegnehmen! Wir wohnen ja bekanntlich alle wie Sisi in Schloss Possenhofen; die Sisisierung der Republik, voller schluchzender Innenminister, die über den Kriminalitäts- und Flüchtlingsstatistiken weinen und dennoch immer härtere Polizeigesetze durchkriegen. Sie weinen und weinen, die europäischen Innenminister, damit dem Mittelmeer nicht das Wasser ausgeht und noch ein paar afrikanische Flüchtlinge mehr ertrinken.

Damit die Arbeit des Dresdner Vereins »Mission Lifeline« noch ein bisschen schwieriger wird.

Ich richte mich ein, Sitzplatz mit Tisch, ein Notizbuch, den Laptop, ein paar Bücher zum Nachschlagen. Vielleicht kann ich Ida und Kurt ja schon ein bisschen disponieren ... Der weiß-rote ICE fährt pünktlich los, als wäre er ein Schweizer, durch die immergleichen Bürohochhaus-Fronten, die grauen Vorstädte. Immerhin scheint die Sonne, und erfreulicherweise habe ich den Tisch für mich.

Auch meine Stadt kann man von oben sehen; der Bayerische Rundfunk hat eine Kamera auf dem Dach. Wenn man im Studio sitzt und wartet, kann man auf einem Bildschirm dem langsamen Kreisen der Kamera folgen, über die Stadt, rundum, hin und her ... Ein Kollege hat sich in einem der neuen Häuser an der Hackerbrücke eingemietet, im sechsten Stock: Er will immer schnell fliehen können von hier, und so kann er das wenigstens imaginär, schon wenn er aus dem Fenster blickt. Unter sich sieht er die knapp dreißig Gleise und die Züge, die darauf herumrutschen, wie eine Märklin-Modelleisenbahn, Spur H0 vielleicht, Spielzeug. Wenn da mal nichts drauffällt von oben.

3

Dresden heute ist Pop, vor allem im Amerikanischen fast nur eine Redensart. Die zerstörte Stadt muss für allerlei Vergleiche herhalten, für zerbrochene Beziehungen, innere Wüsteneien, vielleicht sogar unaufgeräumte Wohnungen, so, wie wir sagen: Bei dir sieht's aus wie bei Hempels unterm Sofa. Es gibt Bands, die Sorry about Dresden (SAD) heißen oder The Dresden Dolls. Oder ein Stück der New Yorker Punkband NY Niggers mit dem Titel *Just Like Dresden '45*. Am kraftvollsten sind die Dresden Dolls, *Think about the bridges you are burning* ...

›Dresden‹ steht also für sinnlose Zerstörung in allen Lebensbereichen, eine Metapher, die den Journalisten ständig einfällt, wenn sie von Städten oder Stadtteilen berichten, die durch welche Katastrophen auch immer in Schuttberge verwandelt wurden: das World Trade Center, Fukushima nach dem Tsunami, Mossul, Gaza. Diese zweifelhafte Popularität unterscheidet Dresden von den beiden Menetekeln des 20. Jahrhunderts, von Auschwitz und Hiroshima, Ortsnamen, die keineswegs eine ähnliche ›Karriere‹ gemacht haben.

Das *Urban Dictionary* gibt Aufklärung: In all diesen kriegerischen, katastrophischen, popkulturellen Zusammenhängen spricht man von Zerstörungen, die nicht als endgültig gesehen werden. ›Dresden‹ steht für eine der schönsten europäischen Städte mit üppigen Parks, einer beeindruckenden Architektur, einer langen Geschichte von Komponisten, Malern, Architekten, inklusive der expressionistischen Künstlergruppe *Die Brücke* – eine Stadt, die unglücklicherweise 1945 im Krieg stark bombardiert wurde. Und die in ihrer alten Pracht wieder da ist!

I'm on fire, everything is going my way! ›Like Dresden‹ spricht die Hoffnung aus, dass es Zerstörungen gibt, die repariert werden können ... der Neubau der Frauenkirche und großer Teile der Dresdner Altstadt bekäme damit eine andere Bedeutung als die von Geschichtsklitterung und Disneykitsch: Selbst Krieg und Untergang können aufgehoben werden.

Nice try, möchte man sagen. Leider hat auch die Popkultur noch niemanden wieder ins Leben zurückgebracht.

4

Für Kurt Vonnegut war Europa ein Kontinent voller kleiner Länder, die sich abwechselnd in esoterischen Nationalismen und Irrlehren irgendwelchen Diktatoren ergaben. Ist Dresden auch hier beispielhaft? Und wie passt Ida Kästner ins Bild, über deren politische Haltungen wir fast nichts wissen? Sie war eine fromme und ziemlich konservative Frau, sie hat nur um ihren Sohn gebangt, wer regiert hat, wird ihr egal gewesen sein. Nur der schreckliche Krieg, der sollte aufhören ...

Vonnegut hätte sich 1945 nicht träumen lassen, dass es eine so lange Friedenszeit in Europa geben könnte. Anscheinend konnte das nach den beiden Weltkriegen und in den Jahrzehnten des Kalten Kriegs niemand. Heute scheint es einigen wieder zu friedlich: Geht doch nach drüben!, möchte man ihnen zurufen: über den Teich! Heute sind die USA kriegerischer als alle europäischen Staaten zusammen. Nach jedem Schulmassaker kommt die Nachricht, mit diesem Amoklauf seien nun mehr Schüler seit Jahresanfang ums Leben gekommen als amerikanische Soldaten auf Einsätzen in Krisengebieten. Offenbar sind die USA selbst eine Art von reichem Krisengebiet geworden.

Das S-Bahn-Gebiet und die Schallschutzmauern haben wir schnell hinter uns gelassen. Übergangslos kommen die grünen braunen Felder und ziehen vorbei, schön, ein bisschen einförmig, Äcker und Wälder, bis zu den Hopfenstangen, Scheyern. Wahrscheinlich gibt es kein Gebiet in Deutschland, denke ich, das nicht von menschlichen Einwirkungen gezeichnet ist. Kein Quadratzentimeter ist verschont, von alters her. Es braucht dazu nicht die Großflächen-Landwirtschaft, die Industrie, die Zersiedelung mit Höfen, Häusern, Dörfern, Kleinstädten, kein Stück Landschaft in Bayern, wo man nicht vom Fenster eines Hauses aus schon das nächste sieht. In jahrtausendelanger Anstrengung haben die Menschen der Landschaft ihren Abdruck aufgezwungen, deshalb finden die Bauleute und Archäologen auch überall etwas, wenn sie anfangen zu graben, von der Keltensiedlung bis zum Blindgänger aus dem letzten Krieg, und dann tragen sie gleich alles nach Manching, ins Frühzeitmuseum. Die Menschen haben Wälder abgebrannt, Äcker angelegt, ihre Pferde weiden lassen, Brunnen gegraben, sich angesiedelt, Städte, gewesene Städte ... Gräber. Schlachtfelder.

Was mag unter dem Acker in der Holledau liegen, oder dort unter den weißblühenden Bäumchen? Ein Fasan, der einsam durchs Grün in der Ackerfurche stolziert. Sein Schrei ist im Zug nicht zu hören, die Passagiere sitzen eingekapselt, taub für Alltagsgeräusche von draußen, erst recht für Naturlaute. Welche Toten mögen es sein, die den Hopfen in diesem Abschnitt besonders gut wachsen lassen? Hopfen, der mit dem Bier wieder in die menschlichen Kreisläufe wandert. Kreisläufe, die mit ihren Ausscheidungsprodukten die

Äcker düngen. Die Äcker, auf denen der neue Hopfen wieder besonders gut wächst. Und so fort.

5

Vielleicht ist Dresden ja gar nicht so exzeptionell? Oder das Ausmaß der Zerstörung? Ganz abgesehen von den brennenden Straßenzügen und der abgefackelten Kreuzkirche, für die im 18. Jahrhundert die preußischen Truppen von Friedrich ›dem Großen‹ verantwortlich waren, sah Dresden schon einmal so aus – zumindest in der Albertstadt, Kästners Bezirk innerhalb der Neustadt. Das war ein riesiges Militärgelände entlang der Königsbrücker Straße, zwischen dreihundert und vierhundert Hektar groß. Die Heereswerkstätten dort – Rüstungsbetriebe – stellten im Akkord Munition, Granatzünder und Gewehre her, auch Harmloseres: Fahrzeuge, Feldküchen, Schanzzeug, Uniformen. Mitten im Ersten Weltkrieg war es üblich, unbrauchbare oder erbeutete Munition zu zerlegen und die Einzelteile weiterzuverarbeiten, Rüstungsrecycling. Dabei konnte schon hin und wieder ein Unfall passieren. Es brannten einzelne Gebäude ab, freiwerdende Gase vergifteten den einen oder anderen Arbeiter. Kurz nach Weihnachten 1916, am 28. Dezember, blieb es nicht dabei: Einer Munitionsexplosion folgten weitere, eine ganze Serie von explodierenden Granaten erschütterte die Albertstadt. Die fünf Arbeiter, die die Munition untersucht hatten, waren sofort tot, etliche Gebäude flogen in die Luft. Auch im weiteren Umkreis brannten Gebäude ab, neue Explosionen, zwei Tage lang Feuer, weit gestreut fanden sich Splitter von Granaten, Blindgänger, man glaubte an einen Sabotageakt der Feinde. Am Ende waren an die dreißig Gebäude zerstört. Auch wenn binnen einer Woche wieder 1500 Arbeiter auf dem Gelände Munition herstellten, auch wenn das Kriegsministerium sich Mühe gab, schnellstmöglich die Trümmer wegzuschaffen und das Gelände wieder benutzbar zu machen: Die Schichtarbeit und die Produktivität der Munitionsfabriken waren empfindlich gestört worden. Die Aufräumarbeiten – bei denen weitere Menschen starben – zogen sich bis 1918 hin. Am Ende wurde das Gelände nach versteckten Waffen durchsucht, von einem bewährten Wünschelrutengänger …

Vielleicht hat der siebzehnjährige Kästner dieses Gelände gesehen, direkt nach dem Unglück. Oder seine Mutter.

Während der Weimarer Republik wurden die verbliebenen Betriebe zu einem Konzern zusammengefasst, der »Industriegelände-Gesellschaft Dresden-Albertstadt m. b. H.« hieß, genannt: IDA.

6

Auch Ida Kästner war eine Granate, sozusagen. Sie war eine Musterschülerin im Kaiserreich, so wie später auch ihr Sohn ein Musterschüler wurde und sich als Erwachsener gefragt hat, wie es bloß dazu kommen konnte. 1871 in Kleinpelsen geboren, hat sie sich in der Dorfschule von Börtewitz gelangweilt, trotz so wunderbar anachronistischer Fächer wie »Gedankenausdruck« und »Denken u. Urteil«. Als Fünfjährige hatte sie die Mutter verloren. Der Vater, ein Schmied und Pferdehändler, heiratete wieder, sie verbrachte also einen großen Teil ihrer Kindheit und Jugend mit einer Stiefmutter. So robust sie später erscheint, aus ihren Zeugnissen wissen wir, dass sie als Zwölfjährige in einem Schulhalbjahr monatelang gefehlt hat ... Später zeigte sie sich einigermaßen unlustig, eine Bindung einzugehen, aber nach ein paar Jahren als Dienstmädchen wollte sie doch lieber heiraten, überließ es aber ihren Schwestern, den Bräutigam auszusuchen. 1892 wurde Emil Kästner ihr Ehemann, vier Jahre älter als sie, ein fleißiger Sattlergeselle, der sich selbständig machte. Sein Unternehmertum war aber nicht von Erfolg gesegnet, die eigene Werkstatt ging bald bankrott. Den Erzählungen seines Sohnes nach, der die handwerkliche Dignität seiner Texte auf den Vater zurückführte, war Emil Kästner ein

Lederkünstler. Seine Produkte hielten ewig und waren dadurch etwas teurer als bei der Konkurrenz. Sicher ging er auch in Konkurs, weil die schneidigen Kavallerieoffiziere eine laxe Zahlungsmoral hatten und ihre Sättel nur gelegentlich bezahlten.

1895 zog das Paar nach Dresden, Emil Kästner verdingte sich in der Kofferfabrik, während des Ersten Weltkriegs in den Militärwerkstätten im Dresdner Arsenal. Mit dem Ehrgeiz seiner Frau konnte er nicht mithalten, obwohl er sein Bestes tat. Sie soll eine strenge, schroffe Frau gewesen sein, auch ihrem Mann gegenüber; der Sohn war ihr einziger Lebensinhalt – ihm sollte der Aufstieg gelingen, den sie für sich nicht erreicht hatte. Deshalb nähte sie in Heimarbeit Leibbinden und anderes Weißzeug, machte eine Friseurlehre und bediente ihre Kundinnen tagsüber im ehelichen Schlafzimmer. Sie sorgte für Nebeneinkünfte durch Lehrer als Untermieter, schlug ihren Sohn, wenn sie es für nötig hielt, schaffte ein Klavier an, damit der gebildete Erich im Höhere-Töchter-Milieu das entscheidende Wissen und Gehör hatte – Terz oder Dominantseptakkord?

Ein ungeheurer Druck, der auf diesem Kind lastete: Erich musste von Anfang an der Beste sein, der Musterschüler, der Erfolgreiche, er durfte die Mutter nicht enttäuschen, musste ihr noch in die albernen Winkel ihrer Aufstiegswünsche folgen. Und er machte sich nachts auf die Suche nach ihr, wenn sie eine ihrer depressiven Phasen hatte und auf einer der Dresdner Brücken stand, nachdem sie sich mal wieder verabschiedet hatte, für alle Zeiten.

22

Eines der stärksten Bilder im Dresdner Kästner-Theaterstück: der kleine Erich, von Brücke zu Brücke hetzend, bis er seine weinende Mutter findet – dargestellt von dem erwachsenen Schauspieler, Ida hingegen von einer Schülerin. Das riesige Kind nimmt die kleine Mutter auf seine Schulter und trägt sie nach Hause. Das Kind, das den Erwachsenen geben muss, weil die Mutter nicht dazu imstande ist: ein krasses Bild für die Umkehrung der Rollen. Die fürsorglichen, warmherzigen, ulkigen Mütter in Kästners Büchern – Emils Mutter, Fabians Mutter – sind Wunschbilder. Heraufbeschworen auch für Ida, unter Ausblendung aller düsteren, beklemmenden Züge, die sie gehabt haben muss. Erst nach ihrem Tod, in der späten Kindheitsautobiographie *Als ich ein kleiner Junge war*, schildert Erich Kästner diese Züge, immer noch dezent und vornehm, mit vielen weggestrichenen Notizen, die es nicht in den gedruckten Text geschafft haben.

Dass Idas Sohn Erich Emil erst 1899 geboren wurde, scheint zu dem Gerücht zu passen, dass Emil Kästner womöglich gar nicht der leibliche Vater Erichs war, sondern der Hausarzt Emil Zimmermann (es gibt viele Emils in dieser Geschichte). Das Kind sollte eben was Besseres sein. Und wenn ich meinen Sohn noch enger, noch ausschließlicher an mich binden will, habe ich kein stärkeres Mittel, als ihm zu erklären, dein Vater – der ist gar nicht dein Vater.

Das passt alles zu gut zusammen. Ob an dem Gerücht etwas dran war, wird sich nicht mehr klären lassen, das liegt in der Natur der Sache; auf beiden Seiten der Familie, der Kästners wie der Zimmermanns, bestätigen die direkten Nachkommen das Gerücht nicht, aber sie kennen es – als Gerücht. Allemal interessant, darüber zu spekulieren: Immerhin war Zimmermann der jüdische Hausarzt der Familie. Dass Kästner 1933 nicht emigriert ist, hätte dann noch eine ganz andere Note.

7

Aber nein, Dresden 1945 ist der Streitfall schlechthin: das typische Beispiel für die Strategie Churchills und seiner Luftwaffen-Generäle, die Zivilbevölkerung in Angst und Schrecken zu versetzen, ihre materiellen Lebensgrundlagen zu zerstören, nach dem Motto: *they asked for it, and they got it.* Oder gab es doch militärische Ziele in Dresden? Wieso war die Stadt denn fast verschont geblieben bis zum 13. Februar 1945? Die »wunderbare Stadt«, über die Erich Kästner in seiner Kindheitsautobiographie schreibt – er lebt seit Jahrzehnten nicht mehr dort –: »Geschichte, Kunst und Natur schwebten über Stadt und Tal, vom Meißner Dom bis zum Großsedlitzer Schloßpark, wie ein von seiner eignen Harmonie bezauberter Akkord.« Mit einer Silhouette wie »gefrorene Musik«, und dann bricht er in eine Aufzählung all der Schönheiten aus, die einmal hier standen, von der Hofkirche bis zum Schloss Moritzburg, und niemand kann mehr hinfahren, um sich die Schönheiten anzusehen, in denen Kästner aufgewachsen ist: »Denn die Stadt Dresden gibt es nicht mehr. Sie ist, bis auf einige Reste, vom Erdboden verschwunden. Der Zweite Weltkrieg hat sie, in einer einzigen Nacht und mit einer einzigen Handbewegung, weggewischt. Jahrhunderte hatten ihre unvergleichliche Schönheit geschaffen. Ein paar Stunden genügten, um sie vom Erdboden fortzuhexen. Das geschah am 13. Februar 1945. Achthundert Flugzeuge warfen Spreng- und Brandbomben. Und was übrigblieb, war eine Wüste. Mit ein paar riesigen Trümmern, die aussahen wie gekenterte Ozeandampfer.«

Zwölf Jahre nach der Katastrophe ist sein Buch erschienen, und er schreibt, noch immer stritten sich die Regierungen darüber, wer die Stadt ermordet habe. Die amerikanischen Bomber, wie Kurt Vonnegut glaubte? Oder die britischen und erst in der dritten Welle die amerikanischen, wie es heute zu lesen ist? Die Briten hatten Kästner auch die Wohnung in Berlin gekündigt, wie er das nannte. Oder waren es der lokale NS-Gauleiter und seine Chargen? Die hatten es schließlich fertiggebracht, dass die Dresdner Bevölkerung völlig schutzlos war. Es gab kaum Flugabwehrkanonen – abgesehen von der einen Flak, die in der Nacht einen deutschen Nachtjäger abschoss – und fast keine Bunker, außer für den Gauleiter selber und dem unterm Hauptbahnhof. Der war für 2000 Personen gedacht, einquartiert hatte man 6000 Flüchtlinge aus Schlesien und Ostpreußen, die weitergeschickt werden sollten.

Oder war es die deutsche Luftwaffe, die nach dem exakt gleichen militärisch-technischen Ablauf fünf Jahre zuvor Coventry dem Erdboden gleichgemacht hatte? Das NS-Wort *coventrieren;* »wir werden ihre Städte ausradieren«, behauptete Hitler 1940. Und es gab ja noch Guernica, Warschau, Rotterdam, den London Blitz, und Lidice ...

Und es gab den Massenmord an den europäischen Juden, seit dem nichts mehr so ist wie zuvor.

So unschuldig waren die Dresdner nun auch wieder nicht. Hitler hatte 1933 keineswegs die ›Macht ergriffen‹, wie das NS-Schlagwort lautet, er war legal ins Amt gekommen, berufen vom Reichspräsidenten, gewählt in der letzten Mehrparteienwahl 1933 von knapp der Hälfte aller Deutschen, auch in Dresden. Von den 6000 deutschen Bewohnerinnen und Bewohnern der Stadt, die als Juden gezählt wurden, waren bei Kriegsende noch drei Dutzend übrig, alle anderen waren ermordet oder vertrieben worden. Gerade über den Dresdner Antisemitismus wissen wir durch Victor Klemperers Tagebücher nun wirklich ganz genau Bescheid, und der erbitterte Ausruf einer Bekannten, den er just am 13. Februar notiert: »Wenn sie doch alles zerschmissen!« – der ist schon nachvollziehbar. Nicht einmal der Feuersturm hat die Vernichtungswut der Nazis aufhalten können; schon zwei Tage nach dem Angriff rollten die Deportationszüge von Dresden aus wieder nach Osten.

In Dresden war die Bücherverbrennung ein paar Wochen früher als in anderen deutschen Städten. Auch

26

die Synagoge brannte in der sogenannten Reichskristallnacht 1938 wohl kaum, weil schnell mal ein paar Berliner Zündler angereist waren. Das haben die Dresdner schon allein hingekriegt. Eine hundertjährige Synagoge, die von Gottfried Semper gebaut worden war! Der Dresdner Hitler-Platz war schön zentral gelegen, der heutige Theaterplatz mitten in der Altstadt; in der anderen Stadt mit einer Frauenkirche, immerhin der sogenannten Hauptstadt der Bewegung, gab es gleich fünf Hitler-Straßen, davon aber keine einzige im Zentrum, alle in Ober- und Untermenzing, Allach, Aubing, Lochhausen, einen Hitler-Platz in Pasing. Es waren Garnisonen in Dresden stationiert, die Stadt war ein wichtiger Knotenpunkt für Truppentransporte, und es gab knapp einhundertdreißig Rüstungsbetriebe. Einige davon natürlich in der Albertstadt, ja, auf dem Gelände der früheren IDA. KZ-Häftlinge aus Auschwitz, Flossenbürg, Theresienstadt waren hier als Zwangsarbeiter, in Striesen stand ein KZ-Außenlager. In der Yenidze, der Tabakfabrik, die wie eine Moschee aussieht, konnten mit den Zigarettenmaschinen Patronenhülsen hergestellt werden; in der historischen Porzellanfabrik Fernschreiber für die Wehrmacht. Auch der Umgang mit Kunst folgte der NS-Ideologie: die berühmten Dresdner Expressionisten, deren Nachwehen Kästner als junger Mann erlebt hatte – er ging in Ausstellungen, hörte sich Lesungen an –, die Maler unter ihnen sind in die NS-Ausstellung Entartete Kunst gestopft worden, schon 1933 in Dresden, 1937 in München.

Mit der Unschuld Dresdens ist es also nicht weit her.

Aber das heißt noch lange nicht, dass all die Toten der alliierten Bombardements, die erstickten und verbrannten Kinder und Frauen, an den Verbrechen ›schuld‹ gewesen wären und es sich bei der Bombardierung und Zerstörung der Dresdner Altstadt um eine akzeptable Maßnahme gehandelt hätte. So einfach ist es nicht.

Über die Dresdner Opferzahlen mochte Kästner in seinem Buch von 1957 nichts sagen. Man streite sich, ob unter den Trümmern fünfzigtausend, hunderttausend oder zweihunderttausend Tote lägen, und niemand wolle schuldig gewesen sein. Die Dresdner Toten sind von allen Seiten funktionalisiert worden. Ihre Zahl wurde sogar wissentlich gefälscht, angefangen mit der deutschen NS-Propaganda, die einem Tagesbefehl vom 22. März 1945, der eine offizielle Bilanz sein sollte, eine Null angehängt und so die Zahl verzehnfacht hat. Anschließend hat die DDR-Regierung weiterhin falsche Zahlen ins Spiel gebracht, obwohl sie es schon besser wusste; im vereinigten Deutschland zuletzt die Neonazis. Inzwischen hat glücklicherweise eine Historiker-Kommission den Streit und die Fälschungen geklärt: Nicht 135 000, wie noch Vonnegut Ende der sechziger Jahre glaubte, sondern bis zu 25 000 Opfer hatte das Bombardement gekostet. Die Kommission hat eine sehr komplexe, mehrgleisige Untersuchung angestellt, fünf Jahre lang, mit verschiedenen Parametern, die auf allen Recherchewegen zu einem ähnlichen Ergebnis führt. Ähnlich schlimm oder schlimmer getroffene Städte wie Hamburg, Köln, Pforzheim, Düren wurden verglichen, die Brandtemperaturen und archäologisch ermittelbaren Rückstände berücksichtigt und vieles mehr. Kurzum, die Ergebnisse der Kommission sind zuverlässig.

Aber, nun ja – ist das besser? Kann man sich das vorstellen, 25 000 Tote innerhalb von ein paar Stunden? Aufräumarbeiten, die sich so lang hinzogen, dass noch bis in die fünfziger Jahre hinein Leichen gefunden wurden? Die korrekten Zahlen ändern nichts Prinzipielles. Schlachtfeld bleibt Schlachtfeld: Wenn sich in ganz Deutschland die Erde von den Schlachtfeldern abhöbe, wenn die Toten wieder lebendig ihren Schmerz durchs Land schreien könnten, verstünde niemand mehr sein eigenes Wort.

Auch in der Holledau? In Dresden wissen wir ja, wie es sich anhörte. Aber auch hier in der Holledau: im Landshuter Erbfolgekrieg geplündert, die Burg in Au zerstört, im Dreißigjährigen Krieg von den Schweden abgebrannt, im Spanischen Erbfolgekrieg von Husaren geplündert, in den Napoleonischen Kriegen, dem Ersten und Zweiten Weltkrieg – Tote über Tote. Der ganze Globus wäre nur noch ein schreiendes Schlachtfeld, und wenn das Ackerland noch so friedlich aussieht mit seinen Hopfenstangenwäldern, jetzt den knuffigen Alleebäumchen an der Landstraße. Regenspuren treiben schräg an der Scheibe entlang. »100 Jahre Gaswerk«, das Wasser schreibt an der Scheibe in dünnen Strichen, ich kann's nicht lesen. In der Ferne zwei Kirchtürmchen, gleich neben mir Bananengestank samt zwei ältlichen Essern. Anscheinend ist die Lüftung ausgefallen ...

Wie ließe sich die Geschichte von Ida und Kurt er-

zählen? Falls es eine gemeinsame Geschichte ist? Sie
geht in den Tod, er ins Leben, das er großenteils noch
vor sich hat – ganz altersgemäß. (Nicht selbstverständ-
lich in Kriegszeiten.) Ich sitze im Zug und überlege mir
die Geschichte, während draußen die idyllischen Täler
und Flüsschen vorbeiziehen, die Klotzfabrikchen mit
Wellblechdächern, die Kleinstädte, hässlich wie die
Nacht, die Felder aus Sonnenkollektoren ...

8

Warum diese beiden? Warum nicht 25 000 andere? Oder
zwei andere Überlebende?

Das hat wohl mit dem Sohn Ida Kästners zu tun,
dem Sohn, der in Berlin die Quadratelse, die gerasterte
Deutschlandkarte, liest und weiß, dass die Bomben auf
das Planquadrat »Martha Heinrich« fallen. Er war schon
vor 1933 ein bekannter Schriftsteller. Seine Wohnung in
Berlin ist zwar verbrannt, aber er wird nach dem Krieg
nichts mehr wegwerfen. Die meisten seiner Papiere, die
im Besitz der Mutter waren, sind erhalten, seit 1945
auch alles bei ihm selbst; ein Teil der Karten und Briefe
seiner Mutter hat im Nachlass seiner Berliner Sekretärin überlebt, besagter Elfriede Mechnig, die ihre Papiere
über die Berliner Flohmärkte verstreut hat. Seit 1933 hat
der Sohn täglich an seine Mutter geschrieben, sie wusste, dass er gefährdet war, dass seine Bücher verboten

und verbrannt wurden, dass ihn womöglich die Gestapo beobachtete, die ihn ja auch zweimal im Lauf der Diktatur verhaftete. Wohl wissend, dass er ihr einziger Lebensinhalt war, tat er ihr den Gefallen und schrieb ihr tatsächlich jeden Tag. Auch sie hat ihm sicher häufig geschrieben, vielleicht nicht ganz so oft, nur in Ausnahmesituationen. Hier geht es um eine Ausnahmesituation.

Kästner hört also diese Ansage, »Martha Heinrich«, und er weiß, das ist Dresden, dort sind seine Eltern. Eine Viertelstunde lang fliegt die Bomberflotte über Dresden, nachts noch einmal eine halbe Stunde. Er weiß das, weil er es im Volksempfänger hört, zählt die Minuten, ein weiterer Angriff am folgenden Tag. Danach hört er nichts. Keine Nachricht aus Dresden. Leben seine Eltern noch? Sind sie unter den Opfern? Zwei Tage später der nächste Angriff. Nach wie vor weiß Kästner nicht genau, was mit seinen Eltern ist. Am 15. Februar schreibt er: »Zu denken, dass die beiden alten Leute womöglich schon ohne Wohnung im Keller hocken, dass die Mama die beiden Manuskripttaschen trotz Tod und Teufeln eisern umklammert hält, macht mich geradezu krank. (Es ist zweifellos viel wirkungsvoller, wenn jemand unsere Angehörigen quält, statt uns selber; ein altes Hausmittel der Menschheit.)«

Da ist die Katastrophe schon geschehen. Die ›Christbäume‹ sind abgeworfen worden, Leuchtmunition, die in brennenden Tropfen helle Streifen über den Himmel zeichnet, damit die Bomberpiloten besser zielen können, wenn sie ihre Lasten fallen lassen. Die erste

Angriffswelle deckt die Dächer ab, bringt die Fenster zum Zerspringen, beschädigt Straßen, die zweite, massivere Welle entfacht den Feuersturm, eine fatal ausgeklügelte Mischung aus Spreng- und Brandbomben: In die offenen Dächer, auf die Löschtrupps, in alle Straßen fallen die Bomben. 2670 Tonnen. Wer nicht im Luftschutzkeller ist, verbrennt auf offener Straße. Der Feuersturm saugt den Sauerstoff nach oben, in einigen Zonen ersticken die Menschen in den Kellern. Dort, wo die erste Welle vielleicht noch nichts angerichtet hat, und in den vermeintlich sicheren Kellern, übernimmt die zweite Welle und gibt der Stadt den Rest. Die Temperaturen im Glutkern des Feuersturms betragen zwischen sechshundert und achthundert Grad – hier zersplittert das Glas nicht, sondern es schmilzt wie Metall und der Teer auf den Straßen.

9

Das bekannteste Foto des zerstörten Dresden zeigt im Vordergrund einen Engel, der wie trauernd auf die Trümmer zeigt, von oben herab. Der Fotograf Richard Peter hat die Dresdner Zerstörung festgehalten und in seinem Buch Dresden – eine Kamera klagt an 1949 veröffentlicht. Aber: Das ist kein Engel, sondern die »Bonitas«, die personifizierte Güte, ein Symbol der Guten Regierung, die auf der Galerie des Rathausturms stand.

Gerade an ihr hat's empfindlich gefehlt – bei der deutschen Regierung dieser Diktatur, bei den Massenmördern der SS und ihren Helfern.

Der markanteste Satz Hitlers, der seine Regierungsbonität demonstriert: Als einer seiner Generalstäbler sich nach besonders hohen Verlusten unter Nachwuchsoffizieren an der Ostfront traurig zeigt, bemerkt der sogenannte Führer: »Aber dafür sind die jungen Leute doch da!«

Wussten die Piloten über Dresden, was sie taten? Sie folgten ihrem Trainingsprogramm und den Leuchtmarkierungen, es dürfte ihnen egal gewesen sein, wohin sie trafen, wenn es nur wirkungsvoll und tödlich war. Sie befanden sich im Krieg, dessen Ende immer noch nicht absehbar war, und es hatte zwei Monate zuvor die Ardennenoffensive der deutschen Truppen gegeben, mit hohen amerikanischen Verlusten. Dass es keine Flugabwehr mehr gab, konnten sie nicht wissen.

Ein Feuersturm, und dann noch in diesem Ausmaß, war nicht abzusehen gewesen; es war zwar zu erwarten, dass die Strategie der Bombardierung in mehreren Wellen besonders großen Schaden anrichten würde, *wie* großen jedoch – nicht. Die Bomben trafen die Altstadt mit ihren engen Gassen und viel verbautem Holz, die Albertstadt mit all den Rüstungsbetrieben trafen sie nicht. Mit der Bombardierung hat man zivile Opfer, sicher auch den Feuersturm in Kauf genommen. Eine planmäßige industrielle Ermordung von Menschen, wie sie in den Vernichtungslagern stattfand, war sie nicht.

Die Alliierten hatten auf den Widerstand der Deutschen gegen ihre eigene Regierung gehofft. Schließlich führten ihnen die Städtebombardierungen deutlich vor, dass sie belogen und verheizt wurden. Aber die Alliierten hatten unterschätzt, wie wirkungsvoll die NS-Ideologie war, und mussten also den Krieg bis zum deutschen Zusammenbruch fortführen. Es ist erschütternd, in den Quellensammlungen zu lesen, wie selten es kritische Bemerkungen gegen die Diktatur und ihre Köpfe gegeben hat, die für all das verantwortlich waren; wie oft die Dresdner vom *Leid der Menschheit* sprechen, wenn sie sich selbst meinen, *der Menschheit ganzer Jammer packt einen*, und so fort. Allzu viele sind doch allzu leicht der Propaganda-Beschallung erlegen. Selbst der frühere Journalist Kästner, der schon manches durchschaut, irrt sich immer wieder, sitzt Gerüchten auf oder ordnet Verläufe falsch ein, wie sich im *Blauen Buch* nachlesen lässt.

10

Ein anderes starkes Bild der Revue *Parole Kästner!*, zur Darstellung der NS-Diktatur, das ich im Netz gesehen habe und auf dessen Wirkung im Dresdner Theater ich gespannt bin: Kinder in SA-Montur, die die Bücherverbrennung inszenieren. Sie stehen um den Haufen herum, aus dem Off hören wir die bekannten – Berliner – Feuersprüche des Propagandaministers. Kästners Gedichte und der *Fabian* wurden zusammen mit Büchern von Heinrich Mann und Ernst Glaeser verbrannt – »gegen Dekadenz und moralischen Verfall! Für Zucht und Sitte in Familie und Staat!« Die Denunziationen vom Band laufen weiter, während die Kinder eine Plane anheben und wir einen schönen Theater-Feuerzauber erwarten, der aber ausbleibt. Unter der Plane liegen Schuhe, paarweise zusammengeschnürt, ein ganzer Berg. Die Kinder werfen die Schuhe nach oben, wo Drahtseile mit Straßenlaternen gespannt sind. Die zusammengeschnürten Schuhe bleiben an den Seilen hängen, und nach ein paar Minuten schweben sie hoch über der ganzen Bühnenfläche. *Shoe tossing* oder *Shoefiti* ist ja ein beliebter Sport, der aus Schottland kommen soll: Junge Männer werfen ihre Schuhe über Telefonleitungen, wenn sie ihre Unschuld verloren haben.

Man kann auch anderes assoziieren; die Schuhberge von Auschwitz, darunter Berge von Kinderschuhen. Die härteste Aufgabe für die Kuratoren der Gedenkstätte sind die konservatorischen Arbeiten an diesen Schuhen. Einige können sie nicht anfassen, weil sie an ihre eigenen Kinder denken müssen, andere, die sich ermutigt hatten, kamen an ihre Grenzen. In einigen der Schuhe steckten noch bunte Söckchen, Münzen, ein Döschen Nivea ...

11

Ida Kästner schreibt auf der ersten erhaltenen Karte nach der Bombardierung: »Uns geht's gut. Wir leben noch. Dein Muttchen und Papa«. Sie hat diese Postkarte nicht zu einem Briefkasten bringen können und in den Folgebrief vom 14. Februar eingelegt, notiert dort noch: »Das schrieb ich gleich am Tag nach dem Angriff. Eilnachricht! hoffentl geht die Post nun bald bißchen schneller«. Damit muss sie einen funktionierenden Briefkasten erreicht haben, sonst hätten wir die Karte nicht.

Sie leben noch. Die Dresdner Neustadt hat nur die erste Welle abbekommen, entweder waren die Präzisionsbomber nicht präzis genug, oder die zweite Welle lief absichtlich über zuvor unbeschädigte, angrenzende Gebiete. Auch in der Neustadt brennt es, aber nur im südlichen Teil, am Albertplatz. Die Scheiben in der Königsbrücker Straße 38 sind kaputt, die Wohnung ist in einem fürchterlichen Zustand, aber die beiden Alten leben, und es wird nicht recht deutlich, was sie alles mitbekommen haben von der apokalyptischen Veränderung ihrer Stadt. Ida beschreibt in den folgenden Briefen fast ausschließlich ihre Wohnung: »Unser Haus steht noch« ist zu lesen. »Wir haben nur viel Arbeit mit der Wohnung mit dem vielen Glas, das liegt ja so viel in meinem Zimmer noch. Hoffentlich kommen sie nicht wieder«, sonst müssten sie die Arbeit ja doppelt machen! Mehrfach schreibt sie, es sei so viel Ruß in der Wohnung. Der Vater Emil verhängt die kaputten Küchenfenster und schläft dort auf zwei zusammengestellten Stühlen; Ida auf dem Sofa, »angezogen in meinem Mantel dem mit dem Pelzkragen noch darüber«.

Als sie davon berichtet, hat ihr Sohn noch nichts von ihr gehört.

12

– Die Fahrkarten bitte danke ...

Vor Nürnberg die Steckerleswälder auf dem Sandboden, hin und wieder geballte Einkaufszentren, ein Dorf hinter Schallschutzbeton, graffitifrei, dafür mit pissgelben Querstreifen. Im Nachbarkoben trinkt ein junges Paar kalten Freixenet aus der Piccolo-Flasche. Glücklicherweise gibt's immer wieder Leute, die was zu feiern haben. Wir fahren durch die Stadt des Reichsparteitagsgeländes, war da nicht eine Plattenfirma zeitweise? Gedenken durch Pop, auch hier. Meine Großmutter hat mir das Gelände einmal gezeigt, ich erinnere mich nur noch an den scharfen Schwefelgestank aus einem der Gräben dort. Sie versuchte mir irgendwas zu erklären mit Eierschalen und chemischen Reaktionen ... wahrscheinlich war einfach das Böse noch dort, alle

Märchen- und *Faust*-Assoziationen stimmen. Auch eine gezeichnete Stadt. Nach dem Hauptbahnhof ziehen Sandhaufen vorbei, Sand allerorten, Nürnberg die Sandstadt, sandfarbene Burg, sepiafarbene Dürerzeichnungen, sandfarbene Grabsteine am Johannisfriedhof, ich sehe Berge von Schwellen, einen Bagger, es wird wohl eine Straße gebaut oder ein Platz geteert, um den Sand zuzudecken. Seltsam, wie zerstört Städte heute und hier aussehen, in einem der reichsten Länder überhaupt, wenn man zu viel über Dresdner Sandstein gelesen hat. Viele riesige Autohäuser.

Kurz vor Fürth kommt eine Bahnangestellte mit Kaffee, vielleicht sollte ich mal die Schlachtfelder entlang dieser Strecke googeln? Aber das Netz im Zug ist wieder mal bescheiden ... der Duft, der durchs Abteil zieht, macht glücklicherweise wach. Fünfstöckige alte Miethäuser, vor denen Schuttberge liegen, wir fahren durch Beton, voller Graffiti, Lärmschutzwälle entlang der ICE-Strecken, eine Sprayorgie schöner als die andere. *OK Scheiss Bullen OW Maze*, das Labyrinth ist überall. *Dürüm Döner, Banda di Amici.* Die Sprayer sind offenbar vielsprachig, oder sie sprechen Speisekarten-Italienisch. Oder -Türkisch. Parkplätze Müllhaufen Schutt, mit großen Steinen, die eckig aus den Haufen raussehen. Noch in Fürth eine Aral-Tankstelle, die sich vor den alten Häusern aus dem 19. Jahrhundert breitmacht. Die Quelle-Ruine läuft in ihrer ganzen Länge an den Fenstern vorbei, an den Panoramascheiben, wie das hier wahrscheinlich heißt, obwohl von Rundblick keine Rede sein kann. Dann wieder ackerlang Sonnenkollektoren.

13

Der junge Kriegsgefangene Kurt Vonnegut kriegt alles mit. Er ist in Dresden, sieht alles und schreibt alles auf, was Ida nicht sieht – oder vielleicht nur nicht schreibt.

Er fiel nach der Ardennenoffensive in deutsche Gefangenschaft, wurde einquartiert in Dresden in einem der Kühlkeller des Schlachthofs, zusammen mit hundert anderen amerikanischen Kriegsgefangenen. In den Nachbarkellern hängen Schweine-, Schaf-, Pferde- und Rinderhälften. Viel Betrieb ist nicht mehr, die Deutschen hungern bereits, ihre Gefangenen erst recht. Einer der Mitgefangenen soll kommentiert haben, sonst seien hundert Schweine in diesem Keller, jetzt eben hundert Gefangene ... Dabei ging es den Amerikanern noch vergleichsweise gut. Es gab ja gegen Ende des Kriegs Obernazis, die auf einen Separatfrieden mit den Amerikanern und Briten nach oder ohne Hitler hofften, um sich mit diesen Alliierten gemeinsam gegen Stalin zu wenden. Nur dass es nie zu Verhandlungen dieser Art kam.

Immerhin galt die Genfer Konvention für die amerikanischen Gefangenen, der zufolge sie arbeiten mussten, um selbst die Kosten für ihre Unterkunft und Verpflegung einzubringen. In einem seiner frühen Romane, *Mother Night*, erinnert Vonnegut sich 1962, dass das allemal besser gewesen sei, als nur in einem Gefängnis herumzuhocken; konnte er doch so eine Stadt und ihre Bewohner aus der Nähe betrachten, Dresden eben. Ihr Trupp ist einer Fabrik zugeteilt worden, die »Malzextrakt für schwangere Frauen« herstellte, »der mit Vitaminen angereichert war. Er schmeckte wie gestreckter Honig mit Leder. Ich wünschte, ich hätte jetzt welchen da.« Seine Gefangenen in *Schlachthof 5* essen unentwegt heimlich von dem Sirup, was natürlich strengstens verboten ist; sie sind zwar nicht schwanger, aber so ausgehungert, dass sie auf die wertvolle Zukost nicht verzichten wollen. Und auch Ida Kästner schreibt, sie habe ein Kräftigungsmittel bekommen, und hofft am 24. Februar, dass sie noch mehr davon kriegt, »denn der Malzextrakt rappelte mich doch etwas auf«.

In seinem allerersten Brief nach Kriegsende, nach der Befreiung aus der Kriegsgefangenschaft, schreibt Vonnegut am 29. Mai 1945 an seine Familie aus einem P. O. W. Repatriation Camp in Le Havre – ein Entronnener. Er fasst in einem Brief die Geschichte seiner Gefangenschaft seit dem 19. Dezember 1944 zusammen, vom Transport im Viehwaggon nach Mühlberg an der Elbe ins »Stammlager IV B« für Kriegsgefangene. Nach dem Zehn-Tages-Transport, hungernd, durstend, unterkühlt, seien viele seiner Mitgefangenen unter den Duschen des Lagers gestorben.

But I didn't. Aber ich nicht.

Mit seiner Gruppe ist er zur Zwangsarbeit nach Dresden verschoben worden: harte Arbeit, keine medizinische Versorgung, keine Kleidung als die Fetzen, die sie bei der Verhaftung am Körper hatten, ein halbes Pfund Schwarzbrot pro Tag und wässrige Kartoffelsuppe. Vonnegut ist geschlagen worden, mit einer Scheuerbürste, wie er seiner Schwester Alice erzählt hat, als sie ihn nach der Narbe hinter dem Ohr fragte. Ein Junge verhungerte, die SS erschoss zwei Gefangene, weil sie Lebensmittel gestohlen haben sollen.

»Ungefähr am 14. Februar kamen die Amerikaner, gefolgt von der R.A.F. Ihre vereinten Anstrengungen töteten 250 000 Menschen in vierundzwanzig Stunden und zerstörten ganz Dresden – vielleicht die schönste Stadt der Welt. Aber mich nicht.«

But not me.

Nach dem Angriff mussten die Gefangenen Leichen aus den Luftschutzkellern tragen, »Frauen, Kinder, alte Männer; tot durch die Erschütterungen, verbrannt oder erstickt. Zivilisten verfluchten uns und warfen Steine, als wir die Leichen zu den riesigen Scheiterhaufen in der Innenstadt trugen.« Im April, als die amerikanische Armee Leipzig einnahm, wurde seine Gruppe nach Hellendorf an der sächsisch-tschechoslowakischen Grenze evakuiert; die Wachen türmten, und die übriggebliebenen Amerikaner wurden nun von russischen Flugzeugen bombardiert. Vierzehn starben – but not me. Nach einer abenteuerlichen Fahrt kam er nach Halle und wurde von dort nach Le Havre ausgeflogen.

Das ist seine allererste Kurzfassung für die Familie. Wie ist er Kriegsgefangener geworden? Im Roman, den er später darüber geschrieben hat, erschienen im März 1969 unter dem Titel Slaughterhouse-Five, or The Children's

Crusade: A Duty-Dance with Death, beschreibt er die Gefangennahme ausführlich. Sein Alter Ego, Billy Pilgrim, ist mit drei anderen amerikanischen Soldaten zwischen den Fronten unterwegs, auf der Suche nach der nächsten amerikanischen Einheit. Die zwei Späher lassen die beiden unfähigen Soldaten, Roland Weary und Billy Pilgrim, zurück, mit der Empfehlung, jemanden zu suchen, dem sie sich ergeben könnten. Sie wollen sich nicht mehr mit den beiden belasten. Pilgrims Leidensgenosse gibt ihm die Schuld daran und ist so wütend darüber, dass er ihm einen Kinnhaken verpasst; der entkräftete Billy rutscht die Böschung zu einem Bachbett hinunter, wird dort weiterhin von Weary traktiert. Als der ihm in den Rücken treten will, »um sein Rückgrat zu treffen, die Röhre, in der so viele von Billys wichtigsten Drähten verliefen« – ihn also tottreten will –, wird sein Opfer von den Deutschen gerettet: »Doch dann sah er [Weary], dass er Zuschauer hatte. Fünf deutsche Soldaten und ein angeleinter Polizeihund sahen die Böschung herunter. In den blauen Augen der Soldaten lag eine verschwommene zivile Neugierde, was es wohl damit auf sich haben könnte, dass ein Amerikaner einen Landsmann so weit von der Heimat entfernt zu ermorden versuchte, und warum das Opfer lachte.« Vonnegut beschreibt die Soldaten und die zitternde Schäferhündin, die sie sich erst am Morgen bei einem Bauern ausgeliehen hatten; auch die Deutschen sind keine glorreichen Soldaten mehr, wir sind im letzten Kriegswinter: »Zwei von den Deutschen waren Teenager. Zwei weitere waren klapprige, sabbernde

Männer, zahnlos wie Karpfen. Sie waren Freischärler, ihre Uniformen bestanden aus zusammengesuchten Kleidungsstücken echter Soldaten, die seit kurzem tot waren. Wie das so ist.«

So it goes.

Das ist der Satz, der Vonneguts Kriegserinnerungen rhythmisiert, punktiert, immer wenn jemand stirbt, womöglich einen besonders überflüssigen, sinnlosen Tod, kommt dieses »Wie das so ist«.

Die Soldaten, die hier erst einmal die Sieger sind, sehen so aus: »Ihr Anführer war ein Unteroffizier mittleren Alters mit geröteten Augen, dürr und zäh wie Trockenfleisch, und er hatte den Krieg satt. Er war vier Mal verwundet worden, und jedes Mal hatten sie ihn wieder zusammengeflickt und wieder in den Krieg zurückgeschickt. Er war ein sehr guter Soldat, der hinschmeißen wollte, auf der Suche nach jemandem, dem er sich ergeben konnte. Seine O-Beine steckten in goldbraunen Kavalleriestiefeln, die er an der russischen Front einem toten ungarischen Oberstleutnant abgenommen hatte. Wie das so ist.« Neben diesem Anführer standen »Füße, die in Lumpen gewickelt waren. Die Lumpen wurden von kreuzweise gewickelten Leinenstreifen zusammengehalten, als Sohlen dienten mit Riemen verbundene Holzplatten. Billy sah zu dem Gesicht auf, das zu den Holzpantinen gehörte. Es war das Gesicht eines blonden Engels, eines fünfzehnjährigen Jungen.« Der Junge hilft Billy auf die Beine, er und seine Begleiter durchsuchen ihn nach Waffen und finden nur einen fünf Zentimeter langen Bleistiftstummel. »In der Ferne war ein dreifaches, harmloses *Peng* zu hören. Es waren deutsche Gewehre. Die beiden Späher, die Billy und Weary zurückgelassen hatten, waren gerade erschossen worden. Sie hatten versucht, den Deutschen aufzulauern. Sie waren entdeckt und von hinten erschossen worden. Jetzt lagen sie im Schnee und starben, und sie spürten nichts, und der Schnee nahm die Farbe von Himbeereis an. Wie das so ist.«

Harmlos sind sie keineswegs, diese Deutschen. Die Szene geht im Roman über viele Seiten, die wirkliche Gefangennahme Vonneguts war grotesker und noch komischer, als wir das von diesem Autor gewohnt sind: Er war mit seinem lebenslangen Freund Bernard O'Hare und sieben anderen Soldaten zwischen den Fronten unterwegs, auf einem Erkundungsgang in Richtung der deutschen Truppen, alle waren unerfahrene Soldaten mit nur ein paar Patrouillengängen hinter sich. Sie ließen sich erschöpft in einem Dickicht fallen, überlegten, ob sie ihre Bajonette auf den Gewehren festschrauben sollten – eine Szene, die anmutet wie aus den Napoleonischen Kriegen.

In tiefer Erschöpfung freuen sie sich über die paar Minuten, die sie da liegen, als sie eine Stimme hören, die aus dem umgebenden Wald ruft: »We can see you. Give up« – auf Englisch, mit deutschem Akzent. Keiner der amerikanischen Soldaten rührt sich, keiner steht auf, hebt die Hände, lässt die Waffen fallen, was man halt so macht in dieser Situation. Die Deutschen geben ein paar Schüsse mit ihren Flugabwehrkanonen ab, über die Köpfe der Amerikaner, ins Astwerk; ein

paar Granatsplitter verwunden die Liegenden, die auf-
schreien. »Come out!«, rufen die Deutschen. Und nun
stellen die Amerikaner sich auf, fummeln mit halb er-
frorenen Händen an ihren Kolben und Waffenteilen,
werfen sie vor sich in den Schnee; ein Moment der
größten Anspannung, die Kanonen könnten ja gesenkt
und nochmals abgefeuert werden. Vonnegut packt sein
Gewehr am Lauf und wirft es weg, so weit er kann. Es
landet in einem Bachbett – hier ist es wieder, das Bachbett aus dem Roman. O'Hare blättert hektisch und
planlos durch seinen Sprachführer, er schreit, in diese
Anspannung hinein, auf Deutsch: »NEIN SCHEISSEN!«
Die Spannung entlädt sich in Gelächter. Es kann auch
Vorteile haben, eine Sprache nicht allzu gut zu beherr-
schen ... Ohne weiteren Zwischenfall werden die Amerikaner zu Kriegsgefangenen gemacht; sie sehen auch,
dass unter den Deutschen ein etwa fünfzehnjähriger
Junge ist, der ein Maschinengewehr schleppt.

14

Zu wenige Kalauer. Mehr Kalauer, bitte! Mehr Groteske!
Keinen elegischen schwarzen Kitsch! Anders ist das ja
nicht auszuhalten. Das wusste Kurt Vonnegut, auch andere, Jean Paul, Arno Schmidt, Ror Wolf, Georges Pe-
rec, Urs Widmer, Vázquez Montalbán, sie wussten: ein
so dürres und trockenes Leben voll Stacheln und Wol-

ken wie das menschliche, eines, das so klein ist wie ein Epigramm, das am Ende seine Giftspritze hat ...

Immer mehr Städtchen, von denen ich nichts sehe, der Lärmschutzwälle wegen. Hie und da ein Dachspitzl. Graue Betonkuben, auf denen »Farmland« steht. Gibt es nicht eine Vereinigung, die für Deutschland in den Grenzen von – 50 vor Christus ist? Als die Römer hier ein bisschen zivilisieren wollten? *Auf den Poden, Pursche,* ruft jemand durch den Zug. Oder war's 1550, das Reich, in dem immerfort die Sonne untergeht? Der erste Tunnel, alles schwarz draußen ... wenn man jetzt am Ende des Tunnels in der Bretagne herauskäme, oder in Ligurien ...

Glücklicherweise gibt es immer wieder auch gute Nachrichten. Im Radio heute früh ein Bericht über die Verleihung des Bayerischen Fernsehpreises an Schauspielerinnen wie Schauspieler; anscheinend vergibt die Bayerische Staatsregierung dabei den Blauen Panzer.

Eine noch bessere Nachricht wäre es, wenn die Vision, die Vonneguts Protagonist Billy Pilgrim hat, Wirklichkeit werden könnte – ein Film über die Bomber des Zweiten Weltkriegs, rückwärts gesehen: »Der Verband überquerte eine deutsche Stadt, die in Flammen stand. Die Bomber öffneten ihre Bombenschachtklappen und übten eine magische Magnetkraft aus, schrumpften so die Flammen ein und sammelten sie in zylindrischen Stahlbehältern, die sie in ihre Bäuche hinaufhoben. Die Behälter wurden in Halterungen ordentlich verstaut. Auch die Deutschen am Boden hatten ihre eigenen magischen Vorrichtungen, lange Stahlrohre, die sie benutzten, um weitere Splitter aus den Besatzungen und Flugzeugen abzusaugen. Trotzdem gab es noch einige verwundete Amerikaner, und einige der Bomber waren in schlechtem Wartungszustand. Doch über Frankreich kamen weitere deutsche Jagdflugzeuge, die alles und jeden wieder in Ordnung brachten.

Als die Bomber den Stützpunkt erreichten, wurden die Zylinder aus den Halterungen genommen und in die Vereinigten Staaten von Amerika zurückgeschickt, wo Fabriken Tag und Nacht damit beschäftigt waren, sie auseinanderzunehmen und die gefährlichen Inhaltsstoffe zu Mineralien zu verarbeiten. Diese Arbeit wurde größtenteils von Frauen gemacht, was rührend anzusehen war. Die Mineralien wurden zu Spezialisten geschickt, die in entlegenen Gegenden stationiert waren. Ihre Aufgabe war es, sie im Boden zu vergraben und geschickt zu verstecken, damit sie nie wieder irgendjemanden verletzen konnten.«

15

Deutschland – ein Land voller Flüchtlinge und ihrer Nachkommen, mit immer neuen Flüchtlingswellen seit 1945. Eine nach 1956: 200 000 Ungarn, die an der bayerischen Grenze und in Bayern *freundlich* aufgenommen wurden. Eine weitere Welle, ungefähr ebenso groß, kam 1968 nach der gewaltsamen Niederschlagung des

Prager Frühlings; in den Jugoslawienkriegen zu Beginn der 1990er Jahre flohen Hunderttausende, von denen die meisten damals in Deutschland aufgenommen wurden – der Großteil kehrte nach dem Ende der Kriege wieder in ihre Heimatländer zurück.

Nicht so die deutschen Vertriebenen aus der Tschechoslowakei, der Sowjetunion und Polen in den Jahren nach 1945; sie wurden nicht freundlich empfangen, die Schlesier galten manchen der Hiesigen als Polen. Aber sie blieben, und man kann mutmaßen, dass unter den Nachkommen dieser Flüchtlinge heute manche sind, die ihre Familiengeschichte vernachlässigenswert finden – und die heutigen Flüchtlinge vertreiben, sie am besten gar nicht ins Land lassen wollen, nicht zuletzt mit dem Argument, es seien ja ›nur‹ Wirtschaftsflüchtlinge. Was ist illegitim daran, dass Menschen ihr Land verlassen, weil sie keine wirtschaftliche Perspektive, und das heißt ja oft: keine Lebensperspektive haben? Die großen Industriegesellschaften erzeugen diese schlechten Perspektiven mit, wie sie auch die Klimakatastrophe erzeugen, die wiederum Klimaflüchtlinge zur Folge hat, jetzt schon.

Warum soll es nicht auch in der Aufnahme von Flüchtlingen Gerechtigkeit geben? Asylsuchende aus Kriegsgebieten und Diktaturen müssen aufgenommen werden, das ist eine moralische Verpflichtung. Menschen, die eine neue Existenz suchen, können vielleicht nicht schrankenlos aufgenommen werden, aber die Europäische Union ist groß; gerechte Einwanderungsgesetze müssten doch helfen ... und es hat immer wieder

Phasen gegeben, in denen Migration beiden beteiligten Ländern genützt hat, und zwar hart wirtschaftlich: sowohl dem Land mit zu wenig Arbeit, aus dem die Menschen fliehen, als auch dem mit den Jobs, die so zahlreich sind, dass sie von den Einheimischen gar nicht ausgefüllt werden können.

Deutsche Asylsuchende hat es ja nicht nur 1933 gegeben, als viele das Land verlassen mussten. Es gab schon vorher deutsche Wirtschaftsflüchtlinge, und nicht zu knapp; die sind etwa in die USA geflohen, illegal aus der Pfalz ausgereist, und ein migrationsfeindlicher Enkel konnte sogar Präsident der Vereinigten Staaten werden. Jedenfalls, die Nachkommen der früheren Flüchtlinge wollen die aktuellen am besten gleich an den Grenzen abweisen, den Grenzen eines Landes, dem man die Kriegsfolgen noch anmerkt, wenn man genauer hinsieht: ein Land voller Flüchtlingsmentalitäten, voller Ängste, es könnte einem etwas weggenommen werden.

Dresden 1945: eine Stadt voller Flüchtlinge, die möglichst schnell weitergeschickt werden sollen, deshalb sind die meisten am Hauptbahnhof. Aus der Luft zur tödlichen Hölle gemacht. Sie ersticken dort in dem Bunker, der kaum Luftzufuhr hat, Hunderte von ihnen.

16

Damit Ida Kästner ihre Briefe und Postkarten einwerfen konnte, ging sie üblicherweise zum Briefkasten am Neustädter Bahnhof. »Ach habe ich gefroren«, schreibt sie am 14. Februar, am Tag nach dem nächtlichen Bombenangriff. »Ins Bett gingen wir nicht. Sind überhaupt nicht gegangen. Denn aus Sorge um alles hätten wir doch nicht schlafen können. Sehr viel ist zerstört.« Ihr Wohnhaus in der Königsbrücker Straße 38 steht noch; am Rand der Neustadt ist aber die Villa Augustin ausgebrannt. Die Villa des längst gestorbenen Onkels Franz, des reich gewordenen Viehhändlers und Großkotzes, der Einzige in der Verwandtschaft, der sich auch schon einmal an Literatur versucht hatte. Auch er hatte einen Gedichtband geschrieben, ihn drucken lassen – ein Eitelkeitsdruck, wie er im 19. Jahrhundert noch üblich war, leider verschollen (oder gottseidank). Die Tante Erich Kästners, Schwägerin von Ida, wohnte noch dort, und seine Mutter muss schreiben: »Villa ist weg. Die hat garnichts mehr. Das Haus nur Trümmer. In der Innenstadt sollen sie auch gewesen sein. Der Neustädter Bahnhof auch etwas getroffen. Da weiß man nicht ob das Briefchen angenommen wird. So stecke ich es am Hauptbahnhof ein«.

Ihr nächstes Postamt war Ecke König-Albert-Straße

und Königsbrücker, von dem sie nicht wusste, ob es nicht auch getroffen war. Später ist das im Bischofsweg in der Nähe, noch eine Option. Die ersten Briefe, wie früh sie auch datiert sein mögen, hat sie anscheinend gar nicht loswerden können, »ich war schon zweimal dort und fand niemanden«, bis sie endlich, am 16. Februar erst, »eine Karte in den Briefkasten am Bahnhof« stecken konnte, obwohl sie's sicher immer wieder versucht hat. Die Briefe und Postkarten, die sie einander schrieben, waren die einzige Verbindung dieser Zeit.

Jetzt schreibt sie jedenfalls, sie sei zum Hauptbahnhof gegangen, nachdem am Neustädter ihr Briefchen nicht angenommen worden ist, nicht in den Tagen unmittelbar nach der Bombardierung; also hat sie es mit dem Hauptbahnhof versucht, vielleicht hat sie ihn sogar erreicht? Nicht der Malzextrakt, die Verbindung mit ihrem Sohn war ihr Lebenselixier. Das heißt, sie muss mindestens ein Mal, am 14. oder am 15. Februar, am Neustädter Bahnhof gewesen sein. Aus Walter Kempowskis Archiv wissen wir, was sie dort gesehen hat: Eine junge Frau, Ursula Flade, ein Jahr älter als Vonnegut, war dort und schreibt von einer Überführung, von der nur noch eine schmale Gasse betretbar war, zwischen aufgeschichteten Leichen, die Köpfe in die eine, die Füße in die andere Richtung zeigend, Verbrannte, Zerstückelte, Bekleidete, Nackte, dazu der unerträgliche Gestank. Sie rannte davon, musste sich übergeben, wunderte sich, dass sie allein dort war, weit und breit niemand, sie überlegte, ob sie das alles geträumt hat.

Eine knapp 75-jährige Frau kann für den Weg von der Königsbrücker Straße zum Hauptbahnhof zu Fuß schon eine Stunde gebraucht haben, eher länger. Durch die Trümmerwüste, »wie eine Mondlandschaft«, schreibt Vonnegut, hie und da rauchend, womöglich noch Schwelbrände. Sie schreibt ihrem Sohn nicht, dass das unmittelbare Nachbarhaus getroffen ist, auch in der Neustadt gibt es vollständig zerstörte Häuser und Häuserblocks. Gegenüber der Nummer 38 ist noch alles in Ordnung, ein Stück weiter in Richtung Innenstadt ganz und gar nicht. Das Haus »an der Ecke der Lößnitzstraße weg«, erwähnt sie, der Bahnhof Neustadt »ist getroffen«. Schutt, eingestürzte Häuser, wenigstens das alte Haus mit den Löwenköpfen scheint intakt ... auch die Nummer 8 steht noch (später das Dresdner Jugendamt). Dann wieder die Wüste der Zerstörung ...

Am schlimmsten ist für Ida Kästner das Haus ihres toten Bruders, die Villa Augustin; auch die Villa Eschebach hat einen Treffer abbekommen und raucht. Ida ist körperlich ganz gut beieinander, aber hier, am Albertplatz, blickt sie zu wenig auf ihre Füße, stolpert und stürzt. Jemand hilft ihr auf, sie erkennt nur eine zerrissene ockerfarbene Uniform mit einem abgesetzten weißen Fetzen um die Schultern, geht weiter, blickt sich um, ein großer Schlaks mit Pelzjäckchen. Von den Zwillingsbrunnen am Platz scheint einer unbeschädigt, das Stille Wasser. Dem Artesischen Brunnen fehlt das Dach, das Hochhaus der Sächsischen Staatsbank ist teilweise getroffen, der Stahlbeton hat anscheinend gehalten.

Vom Jorge-Gomondai-Platz, der nach einem Mitarbeiter im Schlachthof heißt, zur Hauptstraße, auch hier ein Bild der Zerstörung, aber halbseitig. Die Neustädter Markthalle war schon vor dem großen Angriff teilweise durch Fliegerbomben zerstört worden, von der ausgebrannten Dreikönigskirche stehen noch der Turm und die Außenmauern, das Wohnhaus Gerhard von Kügelgens ist noch einigermaßen zu erkennen ... aber gegenüber: nur rauchende Trümmer, eingestürzte Häuser, Schwelbrände. Ihr wird heiß, im Februar ... am Ende des Neustädter Markts stand immer der Goldene Reiter, Friedrich Augustus I., August der Starke, der das Bild der ganzen Stadt vor 1945 geprägt hat. Sein Reiterstandbild, das gen Polen schaut. Glücklicherweise kann er nicht sehen, was hier geschehen ist; man hat dem goldenen August vorsichtshalber die Augen verbunden, ihn abgebaut und außerhalb der Stadt eingelagert. Ida begegnet kaum einem Menschen.

Es gibt Fotos aus der Trümmerlandschaft Dresden, und wenn's nicht gerade Sammelstellen für die Leichen sind, ist immer nur ein einzelnes Menschlein zu sehen. Eines davon ist Ida, auf ihren Gängen zur Post, getrieben von den Gedanken an den Sohn und der Hoffnung, dass die Viertel, in denen er sich meistens aufhält – Charlottenburg, Babelsberg –, verschont sind, dass zumindest er verschont geblieben ist. Zwischendrin immer wieder über Schutthügel, eine elende Kletterei.

Die Augustusbrücke hat das Bombardement überstanden, erst ein paar Tage vor Kriegsende wird der

sechste Bogen von deutschen Truppen gesprengt, um sie unbrauchbar zu machen. Auch heute kann man sie nur zu Fuß überqueren, Dauerbaustelle.

Ida Kästner muss mitten durch die Altstadt, wie auch immer sie damals gegangen sein mag ... der Zwinger hohläugig, der barocke Bau eine ganz unromantische Ruine, durch die sie nach dem Schloss hin blicken kann. Der kahle Hitler-Platz mit seinem Reiterstandbild von König Johann, das einsam und unbeschädigt inmitten zerstörter Gebäude steht. Alle sind kaputt: das Hotel Bellevue, die Semperoper, das Italienische Dörfchen ... nicht viele Menschen hier. Glücklicherweise wohnt hier niemand, ein Vorteil von Prunkbauten, dass sie für das tägliche Leben von Menschen zu nichts nütze sind, die Abstände zwischen den Bauten bedeuten auch, dass es hier nach den Bränden schneller abkühlt. Das Taschenbergpalais! Auch hier nur noch ein paar Außenmauern, Fenster ohne Glas, und wieder muss Ida an Erich denken, der so gern nach Salzburg, überhaupt nach Österreich fährt. Das alte Taschenbergpalais sah aus wie das leibhaftige Salzburg, wenn auch die Kommandantur der Wehrmacht drin war, nun alles kaputt ... wie sie, Menschen mit leeren Gesichtern, die durch die Mondlandschaft gehen und es nicht fassen können, an den ausgebrannten Resten der Kreuzkirche vorbei über den Altmarkt. Auf dem Postplatz und dem Altmarkt liegen die Toten. Sie werden hier zusammengetragen, in den kommenden Tagen gestapelt und verbrannt – über Wochen hinweg, an die 7000 ... Die Kaufhäuser auf der Prager Straße, der Prachtstraße, nur noch Schutt und Trümmer, Stahlträger, die herabhängen und noch Reste des Betons halten. Der Hauptbahnhof sieht seltsamerweise intakt aus, kein Fensterbogen scheint getroffen auf den ersten Blick, die Toten liegen im Untergrund. Die Gleise und die Post funktionieren, nicht einmal die Bierreklamen sind verbrannt, auch die plakatierten Durchhalteparolen nicht: von den Toten zur Bierpropaganda, Tag des deutschen Bieres.

17

Bei allem Elend, das Ida Kästner sieht und in dem sie lebt, denkt sie nur an ihren Sohn, scheint es. Eher nebenher gibt es einen Blick auf die bescheidene Ehe, die sie ihr Leben lang geführt hat; sie schreibt nicht nur allein, sie bringt auch die Briefe und Karten allein zur Post, während Emil Kästner zu Hause weiterrepariert. Er wird meistens nur miterwähnt, wie in der Abschiedsformel »Muttchen u. Papa«. Aber immerhin eine Karte schreibt sie in Anwesenheit ihres Mannes: »Morgen früh schreibe ich weiter da Papa sich niederlegen will. Und bringe zeitig das Briefchen zur Post. Bischoffsweg denn hier wird abgeholt. Papa schnarcht schon da kann ich ja weiter schreiben und morgen früh etwas länger liegen bleiben.«

Die Ehe wird in den kommenden Monaten immer mehr zur Hölle. Je schlechter es Ida Kästner geht, desto mehr terrorisiert sie ihren Mann. »Papa ist so für sich allein«, beschwert sie sich 1946; man möchte ihm »jedes Wort abkaufen, denn er redet am liebsten garnicht. Ein so ruhiger Lebensgefährte passt nicht zu einer lebhaften Gefährtin.« Sie isst die knappen Zuteilungen für beide, lässt sich versorgen, verwaltet das Geld – und sie schreibt Briefe an ihren Sohn, noch ein paar Monate lang. Emil Kästner geht ins Bett, sie bleibt in der Küche sitzen, schreibt, liest Zeitung, beim Lesen schläft sie sofort ein. Der gutmütige alte Mann wacht vom Gasgeruch auf und weckt sie, die abstreitet, geschlafen zu haben. Es gibt seitenlange Elendsberichte von Elfriede Mechnig, die von Berlin aus Kästners Eltern häufiger besuchen konnte als er selber. Ihre Bilanz ist bitter: »Dass der Mensch, der für alles sorgt und arbeitet, noch von dem abhängig ist, der nichts tut und außerdem nicht mehr klar im Kopf ist, das geht zu weit.«

Aber in den letzten Kriegsmonaten ist Ida noch bei sich und formuliert nach den Berlin-Bombardierungen immer wieder ihre Ängste: »Ich sorge mich sehr um Euch denn die Feinde sind ja so oft bei Euch«. Sie muss nicht einmal Radio hören, um davon zu wissen, »wenn sie in Berlin sind haben wir immer Alarm«. Sie fragt auch nach den anderen Orten, an denen ihr Sohn sich aufgehalten hat, mal in Ketzin bei Freunden, oft in Babelsberg. Am 19. Februar schreibt sie: »Wenn ich nur wüsste wie es Euch ginge? Oft schrieb ich Dir, ich hatte gehofft von Dir auch mal ein Lebenszeichen zu bekommen. Vielleicht bist du in Babelsberg wie du sagtest wenn es schlimmer würde Und es wurde schlimm. Und hoffentlich waret Ihr nicht in der Gegend wo es so schlimm war? Heute ging an Dich ein Briefchen u. Kärtchen ab. Da der Bahnhof getroffen ist und das Postamt erst seit heute offen ist. Das erste Kärtchen schrieb ich am Bischofsweg das es uns gut geht und wir leben noch. Von da schrieb ich täglich. Vom Dienstag zum Mittwoch war der schreckliche Angriff. Und am Mittwoch schrieb ich dir die Karte so daß du sofort zum Tage noch die Nachricht bekommen solltest. Am Bischofs-weg sitzen auch nette Beamtinnen.«

Sie berichtet von gemeinsamen Bekannten und Ver-wandten, aus der unmittelbaren Nachbarschaft, dass »zwei Häuser weg« sind. »In unserem hier nur etliche Brandbomben. Sehr dumm ist, daß das Gas nicht brennt und kein Wasser da ist.« »Tantes Villa weg voll ausgebombt. Arthur alles weg.« Ein »Gerhardt« aus dem Dresdner Viertel Kaditz »war heute da sucht Lott-chen, seine Frau, welche auf der Großenhainerstraße am Contor arbeitete und ist nicht zu finden, da die Fa-brik abgebrannt ist. Ist das nicht furchtbar. Das würde mir furchtbar leid tun. Naumanns Richard seine Fabrik auch weg.« Es gibt kaum einen Satz über die Wege, die sie gegangen sein muss, um ihre Briefe und Karten ein-zuwerfen, nur so viel: »die Kulturstätten, eben alles, was am sehenswertesten ist«, sei zerstört. Es gibt keine An-deutung über Menschen in den Straßen. Dass sie selbst friert, dass sie zittert, schreibt sie erst einmal nicht, auch ihr fortgeschrittenes Alter wird allenfalls durch die Wiederholungen und durch das Schriftbild deut-lich. Gelegentlich bemerkt sie ihren Fauxpas, »manches schreibe ich zweimal«, allerdings wiederholt sie sicher auch deshalb, weil sie ja nicht weiß, welche Briefe und Karten ihren Erich wirklich erreichen werden.

Vor allem führt sie das innige Gespräch mit dem Sohn weiter, der nicht da ist, von dem sie nichts hört, dessen Lebensgefährtin Luiselotte Enderle, genannt Lottchen, sich nicht rührt. Sie muss den Abwesenden durch ihren speziellen Altar ersetzen: »Vor mir stehen

4 Bilder von dir. Wenn ich nur mit ihnen sprechen könnte. Mein herzensguter Junge hoffentlich bekomme ich recht bald Bescheid u. Lo. antwortete mir auch nicht Nach Leipzig schrieb ich auch der Brief und eine Karte ging gestern an Lottchens Eltern ab. Hoffentlich bekomme ich da Nachricht. Wenn ich nur recht bald Bescheid bekomme wie es Euch geht. Und Dein Geburtstag in paar Tagen. Da hoffte ich nun gehofft du könntest in den Tagen ankommen«.

Der Geburtstag! Weihnachten und Geburtstag, die Festtage im Leben eines Kindes! Erichs Geburtstag ist so eine Art *Cantus firmus* in Ida Kästners Briefen, der 46ste, immer wieder kommt er vor, »da hatten wir nun gehofft du könntest mal paar Tage kommen. Aber hoffentlich sehen wir uns bald mal.« Auf welchem Weg die Glückwünsche zu ihm gelangen werden, beschreibt sie in ihrem Brief vom 20. Februar gleich mit, einem der längsten und innigsten: »Zu deinem 46ten Geburtstag wünschen wir mein herzensguter Junge Millionenfaches Aller=Allerbestes bleib immer gesund und munter in dieser furchtbaren Zeit. Die Karte vom Dom welchen du so schön gezeichnet hast schicke ich Dir als Geburtstagskarte. Aber ob der Brief am 23. bei dir ist, ist auch noch nicht gewiß das würde ich sehr bedauern. Gestern war ich am Bahnhof um zu sehen ob ich nun die Post wieder hinbringen könnte.« Am Neustädter Bahnhof, ist wohl gemeint. »Aber von dort geht sie auch nur bis Radebeul. Von dort ginge der Zug weiter nach Berlin ob das stimmt kann ich nicht sagen.« Radebeul ist die benachbarte Kreisstadt von Dresden, Fahrzeit nur ein paar Minuten ... »Depeschen dürfen auch keine geschickt werden. Sonst würde ich eins schicken. Vorg. Nacht waren wir von ½ 4 – ½ 5 im Keller. Hoffentl. bekommst du meine Post alle? Jetzt bringe ich den Brief zum Bischofsweg und gebe ihn am Schalter ab. Mich friert schrecklich deshalb verschreibe ich mich oft. Aber die Hauptsache ist du bekommst meine Post alle und ich von dir ein recht baldiges Lebenszeichen von unserem lieben guten herzensguten Jungen. Das wäre mein größtes Glück.«

»Und wir wünschen von ganzem Herzens Lottchens Wohnung soll stehen bleiben. Haben sie dich aber gar eingezogen im Volkssturm mit deinem armen Herzen Millionenfaches Glück und nochmals Glück dein dich treu liebendes Muttchen hoffentlich bleibt unser Haus stehen.«

Kästner musste in Berlin nicht zum Volkssturm; in den letzten Kriegswochen, nachdem Luiselotte Enderle es geschafft hatte, dass er als Drehbuchautor mit einem Filmteam ins tirolische Mayrhofen reisen konnte, sollten alle Ufa-Leute dort noch zum Volkssturm eingezogen werden. Doch auch das konnte abgebogen werden, durch Befehle des Berliner Gauleiters, dem sie offiziell immer noch unterstellt waren. An den Rand hat Ida Kästner noch geschrieben: »Wann werden wir uns mal wiedersehen. Behüt dich Gott immer immer auf all deinen Lebenswege.«

Am Geburtstag selber, am 23. Februar, schreibt sie natürlich erneut, wie an jedem Tag, mit ganz ähnlichen Worten, Wünschen und Grüßen. Wenn man mehrere ihrer Briefe hintereinander liest, zeigt sich das Ritualisierte ganz deutlich, ein Mantra. Es geht vor allem um die gegenseitige Versicherung, dass es dem anderen gut geht, dass sie aneinander denken, dass sie sich nur das Beste wünschen, und darum, wie gut oder schlecht die Post funktioniert. »Heute ist nun dein Geburtstag. Und meinen Geburtstagsbrief bekamst du wohl auch nicht zur rechten Zeit?« Immerhin hat sie Nachricht von Erich und weiß: »Du hast am 13.2. deine Kartoffelkarte geholt. Hier haben welche schon am 16.2. Post bekommen. Und ich schrieb dir täglich. Hoffentl. bekommst du sie alle. Und wirst bald von dir Nachricht mein herzensguter Junge. Von ½ 12 – ½ 1 im Keller. Darum ganz schnell zur Post so das Kärtchen mit um 1:00 mit abgeholt werden kann. Wünscht Millionenfaches aller=Allerbestes dir dein altes treues Muttchen. Behüt dich Gott mein guter Junge auf allen Deinen Lebenswegen«.

18

Ida musste also mitten durch die Altstadt, um den Hauptbahnhof zu erreichen. Ob sie amerikanische Kriegsgefangene gesehen hat? Sie muss mindestens am 14. Februar Tote gesehen haben, und die Menschen, die die Leichen aufeinandertürmten. Sicher auch deutsche Uniformierte – Volkssturm, ein paar von der SS –, die zur Bewachung der arbeitenden Gefangenen abgestellt waren und die Aufgabe hatten, die Leichen zu verbrennen.

Die SS hat auch Gefangene erschossen. Vonnegut erzählt seinen ganzen Roman über von einem älteren Soldaten, betont vernünftig, nicht Billy Pilgrim, nicht Roland Weary, der die Geschichte nicht überleben wird, *poor Edgar Derby*, die arme Sau. Er wird von einem deutschen Kommando erschossen, ganz schnell, ohne Prozess, wegen »Plünderung« – im Roman, weil er aus den Katakomben einen Teekessel mitgenommen hatte. Im Film lässt der Drehbuchautor Stephen Geller *poor Derby* ein kleines, erstaunlicherweise unbeschädigtes Porzellanfigürchen einstecken – es hat ihn an seine Kindheit erinnert.

Vorbild für Vonneguts Figur war Michael Palaia, und der starb aus einem weit schlichteren Grund: Er hatte Hunger. Palaia hatte eine Dose mit Schnittbohnen in die Hose gesteckt. Der Gefangene musste ein Dokument unterzeichnen, in dem er zugab, ein abscheuliches Verbrechen begangen zu haben – Vonnegut meinte, er habe nicht einmal gewusst, was er da unterzeichnete. Und er habe nicht gewusst, als er am nächsten Morgen geweckt wurde, dass es sein letzter sein würde. Vier andere wurden mit ihm geweckt und mit Schaufeln abkommandiert. Sie wiederum wussten nicht, dass sie Palaias Grab schaufeln sollten. Vor der Grube stehend wurde er erschossen, mit dem Rücken zum Hinrichtungskommando.

Tod für eine Dose grüner Bohnen.

Vonneguts Onkel Alex schreibt, Kurt sei bei der Erzählung vor seiner Familie in Tränen ausgebrochen: »The sons of bitches!«

Das waren noch Zeiten, als uns ein Geist von oben in das Leben geworfen hat. Und dann zählt er bis siebzig oder achtzig, wie wenn wir einen Stein in einen tiefen Krater werfen. Und beim siebzigsten Pulsschlag oder Jahr hört er unsern dumpfen Aufprall unten im Grabe ... falls wir im richtigen Jahrhundert leben.

19

Der Zug fährt in den Städten langsamer, durch die schönen Gegenden schneller, statt umgekehrt. Allmählich sieht es nach dem thüringischen Wald aus. Eine Kuh zwischen zwei Tunneln, die weiten Hänge Thüringens. Da ist die Autobahn nach Erfurt, parallel zum Gleis ein weißer Mégane, in dem ich manchmal hier fahre, Erfurter Freunde besuchen ... wahrscheinlich sitze ich dort drüben im Auto, ich beobachte mich. Aber nicht lange, ich überhole mich vor Arnstadt, der ICE ist schneller. Hier gibt es auch die schönen weiten Himmel – über einer Klärgrube.

Im Koben neben mir sitzen seit Bamberg drei junge Polizisten, die mit dem ICE nach Hause fahren. Hosen und Hemden sprechen für hochwertiges Polizeidesign von Armani, Chanel, Versace, Deutsche Gabbana. Sie sind sichtlich entspannt, fröhlich, außer Dienst eben, das Wochenende naht – alle sind höchstens Mitte zwanzig. Gespräche über Fuß- und Basketball, welches Spiel werden sie sehen können, bei ihrem Dienstplan? Eine rundliche Schaffnerin mit dicker Hornbrille kommt vorbei und bettelt:

– Kann einer von euch mitkommen? Bitte ... Entschuldigung ... aber wir müssen da von einem die Identität feststellen.

Sofort springen zwei auf,

– gern.

Erfurt, *der Ausstieg befindet sich in Fahrtrichtung rechts*.

Äfott. Wieder schöne Graffiti, OASER, oder: *Träumst Du? Lina.* Vorbei am EGA-Gelände, dem KIKA und IKEA, der Abkürzungsfimmel ist ungebrochen in diesem Land. Nach zehn Minuten sind die Polizisten wieder da und erzählen unter Lachen dem Dritten (und mir, der ich zuhöre), was los war: Sie haben auf dem letzten Haltebahnhof, in Erfurt, einen Volltrunkenen auf den Bahnsteig gestellt.

– Hatte der noch Zähne?

– Hatte nur einen Zahn, oder?

– Aber er konnte noch allein stehen auf dem Bahnsteig. Wahrscheinlich ist er gleich in den nächsten Zug gestiegen!

– Den FC-Bayern-Sticker hat er bestimmt gestohlen.

– Ein Stück Mutzbradn wär jetzt recht.

Lachen, brabbeln, sympathische Leute. Unsere Polizei hat sich verändert in den letzten Jahrzehnten. Auch wenn Freund Innenminister versucht, sie wieder zurückzubiegen in autoritärere Zeiten. Wieso sind die Felder hier eigentlich schon golden? Bestimmt ein Programmierfehler ...

20

Kurt Vonnegut hat Jahrzehnte gebraucht, bis er seinen Dresden-Roman schreiben konnte, er brauchte Abstand, er musste die Erfahrung einigermaßen verarbeiten, und er musste eine Form finden. Wie schreibe ich über ein Ereignis, das nicht beschreibbar ist? Selbst wenn ich dabei gewesen bin? Auf dem Weg liegen ein abgebrochenes Anthropologie-Studium, eine Arbeit in der PR-Abteilung von General Electric, sein Scheitern bei dem Versuch, Saab-Autos in den USA zu verkaufen, Versuche als akademischer Lehrer, ein paar frühe Romane und damals noch gut bezahlte Erzählungen für Zeitschriften, durch die schon gelegentlich Dresden geistert, aber noch konventionell: Kriegserzählungen, auf Pointen geschrieben, *short stories*, wie sie in den Nachkriegsjahren alle schrieben, in der Tradition von Bierce, Akutagawa, Hemingway.

Auch private Katastrophen liegen auf dem Weg: der Selbstmord seiner Mutter, die das mit den Erzählungen auch schon versucht hatte. Sie wollte das Familienvermögen aufbessern, von dem nach der Wirtschaftskrise nichts mehr übrig war, scheiterte aber damit. Der

Krebstod seiner Schwester, die ihm sehr nahestand, und – ein paar Stunden zuvor – der Tod ihres Mannes bei einem Zugunglück, von dem sie nichts mehr erfuhr. Kurt Vonnegut und seine Frau Jane Cox, die selber schon drei Kinder hatten, nahmen die vier Jungen der beiden Toten auf, und das Lebensgefühl in einer solchen Situation mag man sich nicht vorstellen. Das Leben als Aneinanderreihung tragischer? bösartiger? blinder? Zufälle; Sicherheit gibt es nicht, nirgends, bis zum Schluss.

Vielleicht ist ihm nach und nach klar geworden, dass ein traditionell erzählter Roman seiner Dresden-Erfahrung nicht gerecht werden konnte. Sein Buch ist »kurz und wirr und schrill«, schreibt er, »weil es über ein Massaker nichts Intelligentes zu sagen gibt. Alle sind ja tot und haben nichts mehr zu sagen und nichts mehr zu wollen. Es herrscht vollkommene Stille nach dem Massaker, das bleibt nicht aus. Wenn da nicht die Vögel wären.« Mit ihrem Gezwitscher endet der Roman, mit *Poo-tee-weet?*, übersetzt: *Tschilp-tschilp?*

Die Dresden-Bombardierung nimmt in seinem Roman den entscheidenden, aber vom Umfang her einen kleinen Teil ein. Es wird darauf hinerzählt, und es bleibt ganz unbezweifelt, dass es um so etwas wie eine adäquate Abbildung der Katastrophe nicht gehen kann. Beschreibungen, historische wie fiktionale, müssen scheitern – die Vielfalt des Leids von mehreren Hunderttausend Einwohnern kann nicht angemessen erzählt werden. Die Leserinnen und Leser müssen die eigenen Gefühle hinzusetzen, einerseits, und sie müssen ihr Mitgefühl dann wieder so weit eindämmen, dass sie ihr tägliches Leben weiterleben können ...

Schlachthof 5 hat drei Ebenen: Die erste um Billy Pilgrim, der in der Gegenwart der späten sechziger Jahre ein respektierter Optiker ist, sich als Funktionär im Berufsverband engagiert, dann aber seltsam wird, von Erinnerungen überflutet, im Kopf die Zeiten wechselnd. Die zweite Ebene sind Billys Erinnerungen an die Monate in Dresden, an die Bombardierung, die Gräuel, die er gesehen hat, davor und danach. Und die dritte Ebene sind Billy Pilgrims Erlebnisse auf Tralfamador, ein Planet in einem anderen Sonnensystem mit Intelligenzen, die der menschlichen weit überlegen sind. Billy lebt auf diesem Planeten mit einer Geliebten, einer halbseidenen Schauspielerin, in einem Museum der Menschheit, eine Menschheit, die vermutlich endgültig untergegangen ist. Das Menschenpärchen wird von den Tralfamadoriern beobachtet – exotische Tierchen. Die Planetenbewohner haben ein ganz eigenes Zeitempfinden: Alles ist immer gleichzeitig da, eine weitere, vierte Dimension. Die Zeit ist für sie eine Fläche, in der man frei umherwandern kann. Auch Billy kann das. Im Unterschied zu den Tralfamadoriern kann er seine Ausflüge nicht ganz kontrollieren. Er braucht sie aber, um in seinen späten sechziger Jahren in den USA nicht wahnsinnig zu werden. Die Tralfamadorier können steuern, ob sie sich in unangenehmen oder angenehmen Teilen ihrer Zeit aufhalten wollen. Billy dagegen bleibt unwillkürlichen Zeitsprüngen unterworfen und wird auch auf der Erde zum »Zeitspastiker«. Die fremden Zukunftswesen gehen mit ihrer Wirklichkeit und mit ihrer Zeit um, als wäre sie ein Werk der Literatur, der Fiktion. Denn der freie Umgang mit Zeit ist natürlich die entscheidende Qualität von Literatur überhaupt!

21

Vielleicht hat Ida eine Erschießung wie die Michael Palaias gesehen, als sie durch das zerstörte Dresden ging? Geschrieben hat sie nichts davon. Sie hätte davon auch nichts schreiben können. Die offenen Postkarten, die sie an ihren Sohn geschickt hat, die umgekehrt er an sie schrieb: ein fast tägliches Hin und Her von Nachrichten, mit nur einem einzigen Gehalt: Wir sind noch da. Mich gibt's noch. Und den Blick vor die Wohnungstür, auf das, was sie und Emil Kästner im Luftschutzkeller dabeihatten, auf ihrem Handwagen: »Die beiden großen Koffer auch mit. Dann Papas Federbett, meine Steppdecke und die deinige. Mein in sauberes Betttuch gebunden Das ich dann dahinüber getragen habe. Dann heimzu nicht auf den Wagen geladen.« Vor dem letzten »Dann« hat der Angriff stattgefunden ...

In späteren Mitteilungen nähert sie sich der Wohnung, den zersplitterten Scheiben, »dem vielen Glas, das liegt ja so viel in meinem Zimmer noch«. Später vernagelt ihr Mann die Fenster mit Pappe, am 22. Februar schreibt sie: »Ich bin zur Arbeit gar nicht fähig. Nach

Leipzig an Lottes Eltern schrieb ich auch, noch keine Antwort. Es ist eine furchtbare Zeit. Nur Angst und Sorgen. Gar keine Lust die Wohnung fertig zu machen.« Immer wieder beteuert sie, dass bei ihnen beinahe nichts passiert sei, ein Haus-Gedicht fast: »Unsere Wohnung außer den Fenstern ist ganz heil geblieben. Sehr schön das Ihr noch Kartoffeln habt.«

»Hoffentlich bleibt unser Haus stehen.«

»Uns geht es recht gut Haus und Wohnung steht noch.«

»Kommt ja nun Post von mir, sorge Dich nicht un-nütz, uns geht es wirklich gut das Haus steht noch. Die Wohnung auch. Nur viel Glasscherben waren auf dem Linoleum. Glaube mir uns geht es wirklich gut.«

»Bei uns ist auch alles in Ordnung bis auf die Fens-terscheiben kaputt. Die nagelt Papa alle mit Pappe zu.«

Erich Kästner schreibt im Grunde noch weniger – er war der von der Gestapo beobachtete, verbotene, ver-brannte Autor. Deshalb schreibt Ida also nichts von dem, was sie sieht, wenn sie auf dem Weg zum Brief-kasten ist. Selbst wenn sie außer den Folgen des Bom-benterrors noch etwas vom NS-Terror gesehen haben sollte. Selbst die wenigen verschlossenen Briefe konn-ten geöffnet und vom Zensor überprüft werden. Viel-leicht hatten aber sogar die Zensoren in den letzten Kriegsmonaten Wichtigeres zu tun.

22

In Erfurt ist eine Mamsell mit ihrem kleinen grauen Pudel zugestiegen. Schon älter, graue Haare mit lila Wurzeln. Sicher ein Färbefehler, wieso färbt man in diesem Alter noch die Haare? Sie fragt, ob sie sich mit an den Tisch setzen darf ... Das kann ich wohl schlecht ablehnen und brummle Zustimmung,

– ja gern!,

und ärgere mich über die Inflation des »gern«. Alle sagen immer zu allem »gern«, und wenn sie noch so angewidert sind. Ich hätte doch »wenn's sein muss« sagen sollen, man ist immer viel zu nett.

Immerhin wirft sie sich versetzt mir gegenüber in die Pölster, so dass ich meine Beine weiterhin ausstrecken kann. Wie üblich, hülle ich mich in geheimnisvolles Schweigen und tippe verbissen auf dem Laptop herum, nur nicht ablenken lassen und das Polizistengespräch mitschreiben ... Aber das schreckt sie nicht ab, sie deutet auf den Stapel Bücher neben dem Bildschirm und rollt mitleidig die Augen. Vor allem schreckt das ihren Hund nicht, der sich unter den Tisch legt und auf meinen Fuß. Ich spreche ihm gut zu, ein Fehler, dann will er auch noch gestreichelt werden, leckt aber sofort an der Hand herum. Ich versuche, ihn wegzuschieben, vergeblich, stelle die Laptop-Tasche zwischen ihn und mich und schiebe wieder, hoffe, er wird dadurch kleiner werden und vor allem trockener, habe ich ein Taschentuch?

– Ja was macht Luzi? Entschuldigen Sie schon, er ist eben anhänglisch, ist ein echter Menschenfreund!

– Ach, das macht ja nichts, Hunde mögen mich eben.

Natürlich verschweige ich, dass ich sie nicht immer mag, sie manchmal nicht riechen kann. Wenigstens kommen die beiden nicht aus dem Regen, aber man weiß ja nie, was drin ist. Draußen ist es jetzt wieder flach und grün, die endlosen grünen Flächen vor Leipzig, dringend Kaffee, woher?, als sie mich aus dem Eindösen aufschreckt:

– Was lesen Sie?

– Geschichte, über den Feuersturm in Dresden. Historiker, auch Sammler, Kempowski, warum fragen Sie?

– Oh, ein schreckliches Thema, aber es ist menschlich, man muss sich beschäftigen mit so etwas ... wir schulden den Schatten, die einmal hier gewesen sind, sie müssen uns bleiben, mit uns, nicht nur als Erinnerung. Aber man kann nie ganz verstehen, so ein Unglück.

– Aber es ist menschengemacht, keine Katastrophe. Und was Menschen angerichtet haben, muss man doch als Mensch auch verstehen können, meinen Sie nicht?

– Nicht so ganz, ich weiß nicht. Ich fahre gern rückwärts, wissen Sie, mit dem Rücken zur Richtung, wie sagen Sie?

– Ja? Wird Ihnen nicht schlecht dabei?

– Nein nein, ich genieße das, man kann dabei noch lange Blick auf die Landschaft werfen, die schöne deutsche Landschaft ...

Ich denke, jetzt fängt sie noch an zu nationalisieren, statt Fragen zu beantworten, aber es ist doch anders. Sie stellt sich vor.

– Angelina Juttu, angenehm.

Ich sage ihr meinen Namen und frage sie, warum ihr Vorname anscheinend aus einer ganz anderen Sprache ist als ihr Nachname, und woher der stammt?

– Isch bin geboren in Finnland, im Land der Singschwäne und von Jean Sibelius! Und meine Eltern haben immer geträumt vom Süden und der Sonne, besonders im Winter, unsere Winter sind lang.

– Ah, und das Land der Schreichöre, der Leningrad Cowboys, von Apocalyptica! Aber hier ist doch nicht der Süden!

Sie niest, schnäuzt sich umständlich, im Trompetenton, die Klimaanlage geht wieder:

– Für mich schon, gegenüber Finnland, nicht wahr. Und Sie vergessen nicht unsere Sportarten! Schlamm-Fußball! Frauentragen in Sonkajärvi, und boot heitto, wie heißt es? Gummistiefel-Weitwurf?

– Was ist das? Nie gehört!

– Sie werfen eben mit einem Gummistiefel! So am Hals oben, und dann muss er drehen, wie ein Diskus, fliegt weit! Es gab sogar einmal einen sächsischen Gewinner, aus einer Stadt, ich glaube Dobeln?

– Döbeln?

– Ja, Döbeln.

72

– Ah, die Geburtsstadt von Kästners Vater! Mit dem beschäftige ich mich auch hier, wissen Sie? Moment, im Google-Finnisch-Übersetzer ... *Emil ja etsivä*, kennen Sie? Und dort gibt es Gummistiefelweitwerfer?

– Ja, Sie sagen es, einen ganzen Verein.

Ein Land, in das ich schon immer mal reisen wollte, obwohl ich wahrscheinlich nur Postkartenansichten im Kopf habe. Ich mag die Lakonie der Dialoge in den Kaurismäki-Filmen. Lakonisch ist diese Dame allerdings nicht gerade, sie redet und redet unter ihrem gelegten grauen Wellenhaar, gestikuliert, hebt die Hände, blickt aus dem Fenster, eine vorbildlich furchtlose Person. Bewundernswert, diese Finnen, denke ich. *Keep on rockin' in the free world*, das haben die Leningrad Cowboys doch mal mit dem russischen Luftfahrt-Orchester samt Chor aufgeführt ... aber die lebendige Dame fährt in Leipzig weiter, mitsamt ihrem nässenden Pudel glücklicherweise.

23

Es ist ja nicht so, dass nur Ida Kästner einen kleinen Ausschnitt gesehen hätte. Auch Vonnegut, der seine eigenen Erinnerungen objektivieren konnte, der Jahrzehnte Gelegenheit hatte, zu lesen und nachzudenken, auch er hat vieles nicht gesehen und nicht beschrieben. Die Todesmärsche der KZ-Insassen kommen nicht vor bei ihm; es gab nicht nur amerikanische, sondern auch jüdische und sowjetische Zwangsarbeiter in Dresden; die Vielstimmigkeit fehlt ihm. Immerhin bewegt er sich frei durch Ebenen und Zeiten, durch die spezielle Zeitstörung, die er seinem Billy Pilgrim angehängt hat.

Aber er hatte noch kein Internet zur Verfügung – wir befinden uns in den sechziger Jahren –, deshalb hat er dem Buch von David Irving geglaubt. Bevor der zum Holocaustleugner wurde und vor Gericht stand, war Irving immerhin so sehr Historiker, dass er die Zahlen seines Buchs korrigiert hat, allerdings nur in der Londoner *Times*, in einem Leserbrief von 1966. Diesen Brief hat Vonnegut nicht gesehen, er konnte ihn nicht im Netz lesen, und so übernahm er für seinen Roman die falschen Zahlen und schrieb von 130 000 Menschen, die in einer Nacht starben, und von Tieffliegern, die es nicht gegeben hat.

Es sind nicht nur die falschen Zahlen; Vonnegut sieht Dresden als Stadt, in der sich die Wirtschaftszweige auf »Arzneimittelherstellung, Lebensmittelverarbeitung und Zigarettenproduktion« beschränken, Krankenhäuser und Klarinettenhersteller, sagt er einmal in einem Interview. Von den knapp einhundertdreißig Rüstungsbetrieben wollte er nichts gesehen haben. Billy Pilgrim freut sich über die Amoretten, Faune und Nymphen, die er als Fassadenschmuck sieht, der Roman malt das Bild des schönen, unschuldigen Dresden. Es ging Vonnegut aber nicht nur um seine Kriegserlebnisse, auch nicht um eine gerechte oder gar

74

objektive Darstellung der Katastrophe, die es nicht geben kann. Es ging ihm darum, die US-Regierung zur
Zeit der Niederschrift seines Romans scharf zu kritisie-
ren; der amerikanische Präsident ließ seit 1965 Nord-
vietnam bombardieren: »Und jeden Tag informiert
mich meine Regierung über die Anzahl der Leichen, die
die Militärwissenschaft in Vietnam zustandegebracht
hat. Wie das so ist.« Anhand der historischen Fehlent-
scheidung, Dresden zu bombardieren, kritisiert Vonnegut die Fehlentscheidungen, die bis zum Rückzug in
den frühen siebziger Jahren im Vietnamkrieg getroffen
wurden.

24

Und Ida Kästner? Vielleicht sieht sie wenigstens zu einem Teil das, was Vonnegut sieht. Vielleicht hört sie davon, vielleicht sieht sie alle Tage Gräuel, von denen sie
nichts schreibt. Vonnegut schreibt davon, nicht nur in
Schlachthof 5, sondern jahrzehntelang, in vielen Briefen,
in fast jedem seiner Bücher kommt Dresden vor.

1967 ist er noch einmal mit seinem Veteranenfreund
Bernard O'Hare nach Dresden gefahren und hat sich
den Schlachthof angesehen; er meinte, das Dresden der
DDR sehe aus wie die amerikanische Provinzstadt Cedar
Rapids in Iowa 1936: die Musik, die Klamotten, die Ge-
bäude, everything. Im Roman nennt er stattdessen Day-

ton, Ohio. Das, was den Ruf Dresdens vor dem Feuersturm ausgemacht hatte, gab es nicht mehr, nicht Mitte der sechziger Jahre.

Vonneguts Roman ist der Frau von O'Hare gewidmet, Mary, die den beiden beim Anekdotenerzählen nicht mehr zuhören konnte und sagte: »Ihr wart doch Babys damals!« – Vonnegut gab ihr recht und hat ihr den Untertitel seines Romans zu verdanken, *Der Kinderkreuzzug*. Der zweite Widmungsträger ist ein Dresdner Taxifahrer, Gerhard Müller, der Vonnegut und O'Hare zum Schlachthof gefahren hat. Dessen Mutter war im Feuersturm umgekommen; sie hatten sich angefreundet, und der Stoßseufzer Müllers am Ende einer Weihnachtskarte hat Vonnegut gefallen: »Ich hoffe, dass wir uns eines Tages, in einer Welt des Friedens und der Freiheit, in meinem Taxi wiedersehen, wenn es der Unfall will.«

Die Nummer 5 war die Postadresse, kein Gebäude auf dem Gelände des alten Schlachthofs, am Tor steht eine Stierplastik mit Löwenköpfen darunter. Heute ist die ganze Anlage nicht mehr in Betrieb, sie ist Teil des Dresdner Messegeländes. Es gibt ein kleines Metallschild an einem der Gebäude, das an Vonnegut und seinen Roman erinnert, und im Keller eine Vonnegut-Gedächtniswand neben den Messegarderoben. So ähnlich wie dieser Keller muss das wirkliche Quartier ausgesehen haben, das mittlerweile abgerissen ist, hie und da sind in diesem erhaltenen Haus noch die Kacheln aus der Entstehungszeit zu sehen. Direkt auf dem Gelände gibt es auch noch ein Gegenstück zur Frauenkirche, einen Schlachthofturm neben dem Gebäude, in dem früher der Strom erzeugt wurde. Der Turm ist ein umkleideter Schornstein und wird im Volksmund liebevoll *Schweinedom* genannt. Bis heute hat sich kein Investor zur Renovierung gefunden, um den Turm einer neuen Bestimmung zuzuführen.

In einem späten Brief hat Vonnegut aus dem Feuersturm eine Art Lebensmotto gemacht, Dresden gar zu seiner Heimat tief drinnen erklärt, dem großen Abenteuer seines Lebens: »Ich habe einmal den Feuersturm im Elbflorenz überlebt, alles Weitere ist offensichtlich.«

In *God Bless You, Mr. Rosewater* liest der Protagonist immer wieder in einem Buch, zu dem er, so sagt er, ein Verhältnis hat wie ein Puritaner zur Pornographie. Er hat Schuldgefühle beim Lesen, zieht es möglichst nicht in der Öffentlichkeit hervor, will beim Lesen nicht ertappt werden – *Deutsche Städte im Bombensturm* von Hans Rumpf, dem NS-Generalinspekteur des Feuerlöschwesens, nach dem Krieg geschrieben. Darin liest Eliot Rosewater immer wieder den Dresden-Abschnitt. Inzwischen wissen wir, dass Rumpf ein begabter Luftschutzmann war, an und für sich, aber das Bombardement auf Dresden nicht gesehen hat. Rosewater liest also eine fiktionale Beschreibung mit einiger Plausibilität, die erratisch in Vonneguts Roman steht, in dem es um völlig anderes geht. Er zitiert Rumpf: »Als die Feuer durch die Dächer der brennenden Gebäude brachen, bildete sich eine Säule erhitzter Luft, die mehr als vier Kilometer hoch und zwei Kilometer im Durchmesser war ... Diese Säule glich einem Sturmwind, dem von unten her einströmende kühlere Oberflächenluft zugeführt wurde. Anderthalb bis zwei Kilometer von den Feuern entfernt beschleunigte diese Zugluft die Windgeschwindigkeit von siebzehn auf vierundfünfzig Stundenkilometer. Am Rande dieses Gebietes muß die Geschwindigkeit noch erheblich größer gewesen sein, denn vielfach wurden Bäume von einem Meter Umfang entwurzelt. In kurzer Zeit erreichte die Lufttemperatur Grade, die alles Brennbare sofort entzündeten, und das gesamte Gebiet stand in Flammen. Bei einem solchen Feuer brennt alles restlos nieder; das heißt, es blieb keine Spur brennbaren Materials übrig, und erst nach zwei Tagen war das Gebiet wieder kühl genug, daß man es betreten konnte.«

In Mother Night schreibt Vonnegut von »einem einzigen, apokalyptischen Inferno«, es »war, notabene, das größte Massaker in der Geschichte Europas«, von dem er allerdings im Schlachthof nichts mitbekommen habe: »Wir hörten die Bomben über unseren Köpfen auf- und abstampfen; ab und zu rieselte ein Schauer Kalk von der Decke herab.« Hätten sie den Keller verlassen, dann »hätte die Feuersbrunst uns in die für sie typischen Kunstwerke verwandelt: in fünfzig bis neunzig Zentimeter große Holzkohleplastiken – lächerlich geschrumpfte Menschlein oder, wenn man so will, geröstete Riesenheuschrecken.« Der vorige Arbeitsplatz, die Malzfabrik, war weg, »alles war weg – außer den Luftschutzkellern, in denen hundertfünfunddreißigtausend Hänsel und Gretel wie Lebkuchenmänner gebacken worden waren. Also wurden wir als Leichen-

78

buddler eingesetzt, die in die Unterschlüpfe drangen, um die Leichen herauszuholen.«

Die Luftschutzkeller hat er als Räume beschrieben, die wie ein Straßenbahnwagen aussahen, »in dem alle Leute gleichzeitig einen Herzinfarkt erlitten hatten. Einfach nur Leute, die in ihren Stühlen saßen, alle tot.«

In seinem letzten abgeschlossenen Buch, *A Man without a Country*, eher Reflexionen, Aphorismen und autobiographische Episoden als ein Roman, macht er sich Gedanken über Komik und die Frage, ob es Grenzen gibt. Er habe immer versucht, niemanden durch seine Komik zu verletzen, und es fallen ihm wenige Gegenstände ein, Auschwitz, der Tod von John F. Kennedy oder Martin Luther King, die er für nicht komikfähig hält. Auch Katastrophen können komisch sein –: »Ich habe die Zerstörung von Dresden gesehen. Ich habe die Stadt vorher gesehen und habe sie nachher gesehen, und eine Reaktion war ganz bestimmt Gelächter. Das ist, weiß Gott, die Seele, die etwas Erleichterung sucht.« Schwarzer Humor, Gelächter, eine Reaktion auf Angst ... Sogar im Keller des Schlachthauses ging es nicht ohne Witz: »Während wir in Dresden bombardiert wurden und mit den Armen über dem Kopf in einem Keller saßen, falls die Kellerdecke herunterkam, sagte ein Soldat wie eine Herzogin in einem Herrenhaus in einer kalten Regennacht: ›Ich frage mich, was die armen Leute heute Nacht machen.‹ Niemand lachte, aber wir waren trotzdem alle froh, daß er es gesagt hatte. Immerhin lebten wir noch! Und er hatte es bewiesen.«

25

Ich lese, wie Vonnegut und seine Figuren am Morgen nach der Bombardierung aus dem Keller des Schlachthauses treten und eine Mondlandschaft sehen. Ihr Schweinestall hat keine Fenster und kein Dach mehr, in der Halle liegen Asche und geschmolzenes Glas. Auch die umliegenden Gebäude haben keine Dächer und Fenster mehr, die Holzgebäude sind einfach zusammengestürzt. In den getroffenen Gebieten der Stadt liegen »kleine verkohlte Holzscheite« herum, »Menschen, die in den Feuersturm geraten waren. Wie das so ist.« Mit Schaufeln und Hacken und Schubkarren sollen die Gefangenen ins Innere der bombardierten Viertel gehen und nach Leichen graben. Die wirklichen Folgen der Bombardierung finden sich in Kurt Vonneguts Roman, als er diesen Einsatz schildert: »Viele Löcher wurden gleichzeitig gegraben. Noch wusste niemand, was sie finden würden. Die meisten Löcher gaben nichts her – außer Pflastersteinen und Felsbrocken, die so groß waren, dass sie nicht fortgeräumt werden konnten. Maschinen gab es keine. Nicht einmal Pferde oder Maulesel oder Ochsen hätten es geschafft, sich einen Weg durch diese Mondlandschaft zu bahnen. Und Billy und der Maori und einige, die ihnen an ihrem Loch zu Hilfe gekommen waren, stießen schließlich auf eine

Art Lattenrost, der sich über Felsbrocken derart verkantet hatte, dass er zufällig eine Kuppel bildete. Darunter war ein dunkler Raum.

Ein deutscher Soldat stieg mit einer Taschenlampe in die Dunkelheit ab und blieb eine ganze Zeitlang unten. Als er schließlich wieder auftauchte, berichtete er seinem Vorgesetzten, der oben am Rand der Grube stand, dass sich unten Dutzende von Leichen befänden. Sie säßen auf Bänken. Sie hätten keine Erkennungsmarken.

Wie das so ist.

Der Vorgesetzte ordnete an, die Öffnung im Lattenrost zu vergrößern und eine Leiter in das Loch zu stellen, um die Leichen herauszuholen. Und das war der Anfang der ersten Leichenmine in Dresden.«

Ich lese von den Toten, die all jene gesehen haben, die sich nach der Bombardierung durch die Stadt bewegten, Tote als Kleiderbündel, Menschen mit abgerissener Schädeldecke, ein einzelner Arm wie aus Wachs. Tote überall.

Von den Toten am Hauptbahnhof, zum Abtransport aufgeschichtet, »nackt und bekleidet, verkrampft und gestreckt, blutverkrustet und fleckenlos, verstümmelt und äußerlich unverletzt«, Kinder zwischen die Erwachsenen geschoben, »Flüchtlingsfrauen in ihren schwarzen Wolltüchern und Wollstrümpfen. Frauen, ungeschickt hingepackt, bis zur Hälfte entblößt. Männer wie schlaffe graue Säcke. Männer in langen weißen Unterhosen, verdreht, verschränkt, mit und ohne Schuhe. Gesichter mit offenen und geschlossenen Augen. Gelegentlich spießte ein Arm in die Luft.«

Ich lese von Toten, deren Gesichter am Asphalt festgeklebt waren, von den Erstickten in den Luftschutzkellern, von den verbrannten, verkohlten Leichen, von der Zwangsarbeit der Prisoners of War, die in die Luftschutzkeller einsteigen, die Toten heraustransportieren und auf den Straßen stapeln mussten. So hungrig, wie die Gefangenen waren, aßen sie manchmal Proviant aus den Rucksäcken der Toten in den Kellern. Es kam vor, erinnerte sich der Infanterist Tom Jones, dass er mit der einen Hand ein Brot aß, mit der anderen eine Leiche zum Ausgang zerrte. Und es kam bei späteren Bergungen vor, nach zehn Tagen, dass die Tragenden treppauf plötzlich nur ein Bein in der Hand hatten, oder einen Kopf. Oben auf den Plätzen waren SS-Leute mit Flammenwerfern, um die Leichenhaufen zu verbrennen, angeblich erfahrene Spezialisten aus dem KZ in Treblinka.

Es zeigte sich bald, dass das zu langsam vor sich ging, die Toten begannen zu verwesen und zu stinken, der Geruch der schwelenden Trümmer und der Verkohlten über allem. »Der Maori, der mit Billy zusammengearbeitet hatte, erstickte an seinem eigenen Würgen, als er hinuntergeschickt wurde, um in dem Gestank zu arbeiten. Er musste so oft kotzen, dass er sich innerlich in Stücke riss. Wie das so ist.« Und so öffneten die Kriegsgefangenen nur noch die Keller und assistierten den SS-Leuten, die nun mit den Flammenwerfern in die Keller stiegen und unten versuchten, die Toten zu Asche zu verbrennen oder, falls möglich, von oben.

An den Randgebieten von Einschlägen konnte ein

halber Meter über Leben und Tod entscheiden. Die Bergenden fanden Körper mit abgetrennten Köpfen und Gliedmaßen. Eine tote Mutter, die mit ihrem Körper ihr Kind schützen wollte, das aber ebenso den Tod fand – sie mussten aus dem Asphalt herausgebrochen werden.

26

Ida Kästner schreibt davon nichts. Erst am 24. Februar erwähnt sie Schäden in der Stadtmitte: »Mein guter Junge ich denke doch sie lassen Ruhe denn hier ist in der Innenstadt auch nichts mehr da. Dreikönigskirche ausgebrannt. In die Mitte der Stadt gehe ich jetzt nicht.« In den ersten Tagen nach der Bombardierung ist sie also womöglich gegangen, einmal und nicht wieder. Vielleicht hat sie junge amerikanische Kriegsgefangene gesehen, darunter diesen bestimmten, arbeitend im Schutt und zwischen den Leichen, als sie im Vorübergehen in die ganz unzugänglichen Straßen hineinblickte. Vielleicht meint sie das, wenn sie ihre Stoßseufzer auf die Briefe und Karten an den Sohn schreibt, wenn sie notiert, Dresden und Chemnitz seien am schlimmsten heimgesucht, weil ihr das der Volksempfänger gesagt hat. »Hoffentlich hört das bald auf«, schreibt sie ihrem Sohn. »Hoffentlich kommen sie nicht wieder.« »Wenn das doch aufhörn wollte damit die Menschheit Ruhe bekäme.« »Wenn doch nur der schreckliche Krieg bald ein

Ende nehmen möchte.« »Man weiß ja auch nicht ob diese Bande die Züge bombardieren wenn wer fort fahren will.«

Die feindliche »Bande«, der Krieg, das sind immer nur die Alliierten; aber das, was Vonnegut gesehen hat, ist schließlich der Krieg. Das ist sein Gesicht, ein Gesicht so berühmt wie die Bonitas über der zerstörten Stadt und das der zusammengesunkenen toten Dresdner Frau, der es das Fleisch von den Knochen gezogen hat, während ihre vollen langen Haare noch über ihren grinsenden Schädel hängen. Alle diese Fotos sind von dem Fotografen Richard Peter, der 1945 nach dem Feuersturm am Hauptbahnhof ankam und nur noch fassungslos durch seine Stadt streifen und fotografieren konnte, immer wieder fotografieren. Zu Peters berühmtem Foto der skelettierten Frau aus einem der Luftschutzkeller gibt es ein viel seltener abgedrucktes Pendant eines Mannes. Er trägt gut sichtbar die Hakenkreuzbinde um den Oberarm.

Vielleicht hat Ida Kästner doch mehr gesehen, als ihre Briefe verraten ... Sie ist nach 1945 endgültig in die Demenz gesunken. Das Weihnachtsfest am Ende des Jahres war das erste, das sie nicht mit ihrem Sohn verbringen konnte. Sie kam Monate nach Kriegsende zur Beobachtung ins Strehlener Krankenhaus, dann 1947 dauerhaft ins Sanatorium und verdämmerte dort ihre verbleibenden vier Jahre. Nachdem ihr Mann ihr nichts bedeutete, ihr Sohn nicht mehr zu sehen und kaum zu lesen war, muss sie den Eindruck gehabt haben, für den Rest ihres Lebens nur noch Fremde zu Gesicht zu krie-

gen. Da war die Demenz womöglich eine Alternative, dieser Angst zu entrinnen.

Ich bin immer der festen Meinung gewesen, sie sei in sich versunken, weil mit dem Kriegsende, mit der Aufteilung Deutschlands in Besatzungszonen, zwischen der Erich-Zone, der amerikanischen, und der Ida-Zone, der sowjetischen, wochenlang keine Postverbindung bestand. Die Verbindung, die nach dem Dresdner Feuersturm schon einmal unterbrochen war, aber nur ein paar Tage lang, riss nun über Wochen und Wochen ab. Kein Wäscheband mehr, keine tägliche Postkarte, keine Brücke zu ihrem Ein und Alles – abgeschnitten. Elfriede Mechnig hat, nach ihren langen Berichten über das Zusammenleben der alten Kästners zu urteilen, ihrem früheren Chef geholfen, Ida ins Heim einweisen zu lassen.

27

In Leipzig verlasse ich den Zug samt Frau Juttu. Zwanzig Minuten Zeit fürs Umsteigen, vom hinteren Ende des Bahnsteigs aus, außerhalb der Halle. Vielleicht noch schnell den Kaffee auf dem Weg zum anderen Gleis? Oder noch die Gedenktafel suchen ... Ein paar Gleise weiter, etwa auf meiner Höhe, sitzt ein junger Mann, der – was? – an einem Gewehr herumschraubt? Über einem Koffer, den er auf dem Schoß liegen hat ... Ich gehe zügig in den überdachten Bereich des Bahn-

hofs ... hinter ihm sind Polizisten in schwarzen Schutzanzügen unterwegs. Jetzt könnte der Mann, ein Mitt-
zwanziger vielleicht, nicht mehr in die Halle flüchten,
sie kommen den Treppenaufgang auf den Bahnsteig
hoch, durch den Untergrund, damit er sie nicht sieht.
In der Halle frage ich Reisende, die in meine Richtung
laufen, was los sei.

– Ein Verwirrter.

– Ein Kranker! Wahnsinn! Aggressiv!

– Der hat eine Waffe, mit der er herumhantiert! Ich
habe die Polizei gerufen, mit dem Handy!

Anscheinend bemerkt der Mann nichts und niemanden um sich herum, er hat gar nicht registriert,
dass er eingekesselt ist. Ein Teil der Polizeitruppe geht
ganz gemütlich hinter ihm vorbei, er sieht nicht einmal hoch. Merkwürdig, schon die Uniformen müsste er
doch aus dem Augenwinkel wahrnehmen? Auf einen
Ruf, vielleicht ein Kommando, nicht zu verstehen, stür-
zen sie sich auf ihn, werfen ihn nieder, reißen dabei fast
die Metallbank aus der Verankerung, nehmen ihm den
Koffer und das Gewehr ab. Mehrere Waffen richten sich
auf ihn, und er darf aufstehen, gestikuliert, geht wider-
spruchslos mit, während er irgendwas redet, nichts
zu verstehen auf die Entfernung. Jetzt quellen immer
neue Kugelwestenpolizisten aus der Unterführung,
Blauhelmsoldaten, Opus-Dei-Kleriker, bayerische Innenminister, Geschlechtswächter, Jazzpolizei, Feuer-
wehrmänner, Postkolonialisten, Securitas-Leute. Man
sieht jetzt erst, in welcher Zahl die hier angerückt sind,
ein Gewimmel und Gewusel sondergleichen ... Was war

das denn?! Die junge Frau mit dem Handy erzählt den Umstehenden, er sei vor ihr aus dem Zug gestiegen, habe sich dort, am Ende des Bahnsteigs, auf eine Bank gesetzt, nachdem die meisten schon weg waren, und seinen Koffer geöffnet, darin lag das Gewehr.

– Ganz normal sah der aus! Nicht aggro oder so! Aber was er wollte?

Schulterzucken. Na, vielleicht kommt später etwas auf einer der Nachrichtenplattformen oder im Radio, man ist ja selten so direkt neben einem Polizeieinsatz in Schutzanzügen. Irgendwo soll hier eine Gedenktafel für die Bombardierung des Leipziger Hauptbahnhofs sein, zumindest erwähnt Uwe Johnson sie in seinem Leipzig-Roman, *im Dritten Buch über Achim. Aber Achim ist immer quer über die Gleise gegangen* ... halt: falscher Film. Keine Zeit, zu suchen, der krude junge Herr hat die halbe Stunde Umsteigezeit für sich in Anspruch genommen. *Zu spät! / zum Gänseblümchen pflücken!*, ich muss ans andere Gleis, und der Zug hat außerhalb der schönen Halle mit der lichten Glasarchitektur gehalten, jetzt eilt es. Keine Zeit für Tafeln und Auerbachs-Keller-Statuen oder das Museumsgleis, die Anzeige-Elektronik des Zugs ist auch noch kaputt, wo ist Wagen 21, falsche Richtung – dort, und wieder ein Platz mit Tisch, gerade als er schon anfährt. War Leipzig nicht größer? Alles grün und zugewuchert hier, ah jetzt doch wieder: Industrieanlagen, Leipzig Messe, massenhaft Gleise mit abgestellten Zügen, Güterzüge, Regionalzüge, rostrote, taubenblaue, Viehwaggons, Tankwaggons. Die Hallen werden schrottiger, die Agrarflächen nehmen zu. Ich müsste dringend pinkeln, ob ich den Stapel jetzt hier liegen lassen kann? *No risk, no fun* ... geschafft. Reisen ist doch ein Abenteuer. Prostatisch allemal.

Mir fällt ein, dass in Leipzig doch seit Jahren ständig Fliegerbomben aus dem Zweiten Weltkrieg gefunden werden, besonders markante, gerade erst vor ein paar Wochen! Und vor vier Jahren, wurde da nicht eine 500-Kilo-Bombe gesprengt, ein paar Leute drum herum mussten evakuiert werden, am Leipziger Postbahnhof ... In dieser Stadt haben doch viele Menschen die Bombardierungen überlebt, erinnere ich mich, obwohl genauso viele Bomben fielen wie in Dresden. Sie hatten sich nicht an die Vorschriften gehalten und haben die Luftschutzkeller ›zu früh‹ verlassen. Auch in Leipzig gab es den Feuersturm, nach doppelt so vielen Tonnen Bomben, aber es gab auch mehr ungehorsame Leipziger, als es ungehorsame Dresdner gab; sie sind nicht in den Luftschutzkellern erstickt oder vom Kohlenmonoxid vergiftet worden, weil sie nicht mehr drin waren. Natürlich braucht es da Glück; aber Gehorsam brauchte es offensichtlich nicht, sondern den eigenen Kopf.

28

Kurt Vonnegut hat sich ein anderes Ich erfunden, einen Science-Fiction-Autor namens Kilgore Trout. Den lässt er einmal eine Kurzgeschichte über Hefebakterien schreiben, Bakterien, die Fruchtzucker fressen, Alkohol ausscheiden und darüber zugrunde gehen. Sie vergiften ihre Umwelt durch ihre eigenen Exkremente. Kilgore Trout lässt zwei dieser Wesen über den Sinn des Lebens diskutieren, während sie sich also umbringen (und Champagner herstellen, Flaschengärung). Intelligenz ist etwas anderes, suggeriert Trout.

Natürlich ist das eine Menschheitsallegorie, obwohl in den frühen siebziger Jahren noch kaum jemand über Ökologie gesprochen hat. Es gibt optimistische Naturwissenschaftler, die sich mit der Geschichte unseres Planeten beschäftigen und die behaupten, es habe weltweit schon immer Vernichtungskatastrophen gegeben, Zyklone, Kometeneinschläge, geologische Desaster, die zum Untergang von Tierarten geführt haben, die Dinosaurier sind nur die bekanntesten. All diese Untergänge hätten aber auch zur Entstehung ganz neuer Lebenswelten geführt. Das gelte auch für Menschheitskatastrophen – nach dem Untergang der *Titanic*, einer technischen Katastrophe, sind Schiffe anders gebaut worden; Kriege, Wirtschaftskrisen, deren Mechanismen man durchschaut habe, hätten sich so nicht wiederholt. Sie alle bewirkten, dass danach etwas Neues komme, das vorher noch niemand habe sehen können. Katastrophen nicht nur als Teil, sondern geradezu als Motor der Evolution.

Das ist eine schöne Theorie, und auch die Hefe-Mikroorganismen sind bis heute durch die Evolution gekommen, wie die Menschen auch. Angeblich soll bei Hominiden in irgendeiner Urzeit ein gewaltiges Hirnwachstum stattgefunden haben; dabei hat doch auch Ludwig Wittgensteins Skepsis einiges für sich, der ja nur die Naturwissenschaft ganz strikt nimmt, wenn er sagt, es sei doch ein erstaunlicher Zufall gewesen, dass alle Menschen, deren Schädel man geöffnet habe, ein Gehirn hatten.

Die eingeschränkte Intelligenz, die Kriege und Katastrophen wie den Dresdner Feuersturm erzeugt, ist doch offensichtlich eine mächtige Angelegenheit. Für menschheitsgeschichtlichen Optimismus gibt es keine besondere Veranlassung, obwohl die Evolution uns bislang anscheinend gut gesinnt war.

29

»Wir leben noch«: Ida Kästner hat ihrem Sohn täglich in diesem Sinn geschrieben. Er umgekehrt genauso: Ich lebe noch. Es ist mir nichts passiert. Aus den Tagen der Bombardierung sind nicht viele seiner Postkarten übrig geblieben. Einen Tag vor dem 13. Februar beschwert er sich schon, dass er seit zehn Tagen nichts von Ida gehört hat: »Da müßte ja nun wieder mal ein Stoß Karten u. Briefe eintrudeln!« Und er vermerkt, dass Elfriede Mechnig »mit Fieber zu Hause« liegt, »Grippe hat sie wohl«, die Frau, der wir zu verdanken haben, dass Idas Sendungen auf uns gekommen sind, wird in seinen Postkarten und Briefen genannt. An seinem 46. Ge-

burtstag, zehn Tage nach der Bombardierung Dresdens, schreibt er, dass er nun endlich Post von Ida hat:
»Das war eine wahre Erlösung, als Lottchen heute früh
ins Zimmer kam und rief: ›Post aus Dresden!‹ Was ich
alles versucht habe, Nachricht zu kriegen. Nichts hat
geklappt. Nun kamen auf einmal: Brief vom 14., Brief
vom 15., Karte vom 16. mit den Zeilen: ›Uns geht's gut‹,
und die Karte vom 18. Februar. Gott sei Dank! Was
meinst Du, was aus Deinem Wäschepaket gekrabbelt
kam? Ein Herrgottschäfchen! Das sitzt jetzt auf dem
Fensterbrett. Als Gruß von Dir.«

So ändern sich die Sitten; Kästner freut sich über
den Marienkäfer – ein solcher ist gemeint –, während
die *Dresdner Anzeigen* 1807 vermeldeten, man soll bei
Zahnschmerzen einen solchen Käfer mit sieben Punkten lebendig zwischen den Fingern zerdrücken: den
Saft auf den leidenden hohlen Zahn geschmiert, wird
»der Schmerz augenblicklich aufhören«.

Gegen die Gerüchte aus Dresden und die Unklarheit
helfen keine Hausmittel mehr. Der Sohn muss herum-
raten, und er muss Fragen stellen, auf die er nicht unbedingt Antworten bekommen wird: »Warum wart Ihr
denn in Rich. Naumanns Hausflur mit allen Sachen?
Brannte denn das Dach oder was? Denn bei Euch im Keller wär's doch auch nicht kälter gewesen? Nochmals:
zieh Lottchens Mantel an! Und Papa den blauen Pullover
von mir, der im Vertiko ist! In unserer Gegend hier ist ...
nicht viel passiert. Ich hatte so gehofft, dass Dresden
verschont bliebe, und nun hat man es in 2 Tagen so sehr
zugerichtet! Eßt Ihr denn genug? Auch was Warmes?«

Kurz vor dem Aufbruch ins tirolerische Mayrhofen, am 7. März, bedankt Kästner sich; einer der wenigen Briefe, die direkt auf eine Sendung der Mutter antworten können und nicht aufs Spekulieren angewiesen sind. Darin geriert er sich als Erziehungsberechtigter seiner Mutter, verkehrte Rollen in einer verkehrten Welt: »Hurra, ein Brief und ein Kärtchen vom 3. März! Nun habt Ihr wieder kein Licht und Wasser, und die Pappen sind noch von den Fenstern herunter! Da muss aber doch in der Nähe allerhand geschehen sein! Denn von alleine purzeln doch die Pappen nicht heraus, wie? Und Du solltest doch Lottchens Pelzmantel anziehen, hörst Du! Fahre nicht wegen Depesche bis nach Coswig! Da kannst Du unterwegs in einen Alarm geraten! Ach, nun sollten sie aber Dresden in Ruhe lassen! Es soll so schrecklich viel passiert sein! 400 000 Flüchtlinge waren drüben, als die Angriffe am 14.2. waren.« Am Ende sucht er noch, die Eltern zu beruhigen: »Gestern abend hatten wir den üblichen Angriff. Es sind kleinere Verbände.« Der nächste Brief, vom 13. März, ist in München geschrieben, eine Station auf der Reise nach Mayrhofen. Obwohl es noch ein paar Monate bis zum Kriegsende dauern wird, formuliert Kästner schon so, als sei er bereits ein Entronnener: »Mir geht's sehr gut«, verkündet er. »Heute war ein herrlicher Frühlingstag, und ich hab ein bisschen im Garten mitgeholfen. Ein Gänseblümchen hab ich mir ans Knopfloch gesteckt. Hoffentlich geht's Euch einigermaßen gut? Die Karte kann ich heute leider nicht einwerfen, da hier weit und breit kein Briefkasten ist.«

Das trauliche Zwiegespräch über alle Distanzen hinweg setzt sich fort; mehr oder minder bis Kriegsende, bis zur Aufteilung in Besatzungszonen, nach der ein paar Wochen lang die Post nicht funktioniert. Die Frequenz wird nie mehr die alte, Besuche können kaum mehr stattfinden, obwohl der Sohn es 1946 einmal nach Dresden schafft, gegen alle Widrigkeiten, und über den Zustand der Stadt entsetzt ist. »Man geht hindurch, als liefe man im Traum durch Sodom und Gomorrha. Durch den Traum fahren mitunter klingelnde Straßenbahnen. In dieser Steinwüste hat kein Mensch etwas zu suchen, er muss sie höchstens durchqueren. Von einem Ufer des Lebens zum andern. Vom Nürnberger Platz weit hinter dem Hauptbahnhof bis zum Albertplatz in der Neustadt steht kein Haus mehr. Das ist ein Fußmarsch von etwa vierzig Minuten.« Der Wanderer kann kilometerweit »um sich blicken. Er sieht Hügel und Täler aus Schutt und Steinen. Eine verstaubte Ziegellandschaft.« Immerhin seien die Kasernen stehengeblieben, spottete er.

Es bleibt auch in den kommenden Jahren bei wenigen Besuchen, allein der bürokratische Aufwand ist groß. Statt Wäschepakete von der Mutter geschickt zu kriegen, schickt er nun seinerseits regelmäßig Lebensmittelpakete an die Eltern; die Bindung wird durch die politischen Grenzen nach und nach lockerer. Vom Oktober 1946 an wird immer häufiger auch der »liebe Papa« zusammen mit dem »lieben, guten Muttchen« angeredet, schließlich nur noch der Vater. Ida Kästner geht es immer schlechter; *they are all equal now.*

30

Dass Ida Kästner und Vonnegut sich in der Altstadt gesehen haben, ist eine Fiktion. Unwahrscheinlich. Es ist
noch nicht einmal klar, ob sie überhaupt versucht hat,
bis zum Hauptbahnhof zu kommen. Was hätten die
beiden sich denn sagen können? Immerhin, Vonnegut
sprach ein bisschen Deutsch ... Am erstaunlichsten an
der Konstellation ist wohl, dass sich zwei Menschen in
einer Katastrophenerfahrung so nah sein – und doch in
nichts dieselbe Wirklichkeit empfinden können.

Die Leichenverbrennungen auf dem Altmarkt von
Dresden fanden erst acht Tage nach der Bombardierung statt, und die Nazi-Bewacher haben sich Mühe gegeben, ihre Gefangenen und die Bevölkerung auseinan-
derzuhalten. Es gibt eine Bemerkung in *Schlachthof 5*
über Straßensperren. »Zivilisten«, die Menschen, die
nach ihren Angehörigen suchen wollten, wurden aus-
gesperrt, sie durften die Ruinenlandschaft nicht betreten.

Aber Ida Kästner und Kurt Vonnegut *waren* sich nah,
immer wieder. Vor der Bombardierung haben Kriegsgefangene in ganz Dresden Zwangsarbeit geleistet.
Nach dem Feuersturm haben sie überall die Leichen aus
den Kellern und dem Schutt gezogen, wo die Bomben
niedergegangen waren, auch in der Neustadt und am

Hauptbahnhof. Vereinzelt wurden Kriegsgefangene abkommandiert, um Dresdnern nach der Katastrophe bei ihrem Umzug aus der Stadt herauszuhelfen. Mehrere der Mitgefangenen erinnern sich an alte Frauen, denen sie Karren mit ihrem Hab und Gut zum Bahnhof gezogen haben, der Infanterist Floyd Harding meinte sogar, dass es vor allem sie waren, die den Feuersturm überlebt hatten.

Vonnegut war vielleicht nicht am Altmarkt dabei, aber wohl am Hauptbahnhof, von dort aus in verschiedenen Vierteln, nicht nur in Dresden-Friedrichstadt, dem nächsten Viertel vom Schlachthof aus. Obendrein schlug er sich kurz nach Kriegsende mit sieben anderen Amerikanern, darunter seinem Freund Bernie O'Hare, von Hellendorf aus wieder bis nach Dresden durch; Mitte Mai waren sie noch ein paar Tage dort und feierten mit den russischen Besatzern, bevor sie nach Halle und von dort per Flugzeug nach Frankreich weitertransportiert wurden. Eine der Kasernen, die die sowjetischen Alliierten benutzten, stand in der Königsbrücker Straße, weiter stadtauswärts als Kästners Wohnhaus in der Nummer 38, man musste dran vorbei. Sollte Ida Kästner also gestürzt sein, hätte der junge Vonnegut ihr aufgeholfen, zu jedem Zeitpunkt, als die amerikanischen Soldaten in Dresden waren, auch noch Mitte Mai 1945. Das ist mehr als wahrscheinlich; vermutlich die Wirklichkeit selbst.

31

Äcker, Felder, Wiesen, ein einsamer, knallrot gestriche-
ner Heuwender am Feldrand, kein vernünftiger Wald,
wahrscheinlich haben den schon die Römer abgekaut,
zu Schiffen und Windrädern verbaut. Oder verheizt,
Sachsen kann ja sehr kalt sein. Wir sind hier nicht im
Süden. Ah, jetzt kommen ein paar Laubwaldstreifen.
Ich habe eingeschränkte Sicht, zu viel graues Plastik
zwischen den Fenstern. *Stellwerk B Stellwerk 5?* Ach so,
Halt in Riesa. Plattenbauten-Charme, es gibt auch eine
Altstadt mit einem großen Turm inmitten. Ein Ge-
schäftsmann in meinem Rücken versucht, mit starkem
deutschen Akzent, ein englisches Telefonat.

– Ja! Sie other folder, tuhbee sätt wann with sie
higher enerdschie level! So what we see in front, if you
want to have it, look at se right, so ssehr you are, sehr
you can see, wott we have designed for our purse ...

(Worüber redet der überhaupt?)

Deutlich höheres Aufkommen von Schrebergarten-
kolonien, übergangslos Hochhäuser, bestimmt schon
kurz vor Dresden. Der Zug hält in Dresden-Neustadt.
Wohnwagen, Busse, der Sächsische Bergsteigerbund
mit Kletterwand ... Ich sehe aufs Handy, was es mit der
obskuren Festnahme am Leipziger Bahnhof auf sich
hatte, ob sie schon gemeldet wurde? Und tatsächlich

gibt es eine kurze Nachricht, vor fünf Minuten die erste Stellungnahme der Polizei: Der Verhaftete werde noch weiter verhört, er habe drei Waffen bei sich gehabt. Was er damit gewollt habe, sei nach wie vor unklar; allerdings habe zu keinem Zeitpunkt eine Gefährdung von Personen bestanden. Es handle sich ausschließlich um Softair-Waffen, Repliken von echten Schusswaffen, mit denen man zwar aus nächster Nähe Menschen verletzen, ihnen aber keine tödlichen Wunden beibringen könne. Das Mitführen einer solchen Waffe sei strafbar.

32

Neben vielen anderen Gründen sei es am Ende seine Mutter gewesen, wegen der er nicht ins Exil gegangen sei 1933, hat Kästner behauptet. Aber auch, weil er das NS-Regime unterschätzt hatte und dachte, der Spuk sei nach einem Jahr vorbei; auch, weil er Zeitzeuge sein und mitschreiben wollte, den großen Roman der Diktatur abliefern. Das heißt: Es war nicht etwa so, dass er nicht ohne seine Mutter sein konnte – in dem Fall hätte er sie ja ins Exil mitnehmen können –, sondern dass seine Mutter ohne ihn nicht sein konnte, aber die intrikate Distanz-Konstruktion – Wäschepaket plus täglicher Post – akzeptierte und ihn sein Leben leben ließ. Ihre Krankheitsgeschichte nach 1945 mag genau das bestätigen. Sie ertrug es nicht, dass der Versorgungsschlauch, an dem sie der Sohn gehalten hatte, vollends gerissen war. Als er sie zuletzt im Pflegeheim besuchte, erkannte sie ihn nicht mehr. »Wo ist denn der Erich?«, fragte sie ihn.

Aber vielleicht ist sie auch in die Demenz abgetrieben, weil sie zu alt und zu gebrechlich war, um die Bilder noch auszuhalten, die sie auf ihren Postwegen gesehen hatte. Die Bilder, die andere Bewohnerinnen und Bewohner Dresdens gesehen und von denen sie erzählt haben. Die Kurt Vonnegut aufgeschrieben hat. Er ist nicht wahnsinnig geworden – obwohl er das seinem Billy Pilgrim ein klein wenig zuschreibt, mit seinen Erscheinungen vom Planeten Tralfamador –, aber er selbst, Vonnegut, ist nicht wahnsinnig geworden, er litt höchstens mal an gelegentlichen Altersdepressionen. Er hat das Staunen nicht verlernt, seine Offenheit und seinen Witz nicht verloren. Auch so geht das. Ohne Weinerlichkeit.

Jetzt hält der Zug endlich in Dresden, in der wunderbaren Glashalle. Jetzt könnte ich versuchen, die Geschichte aufzuschreiben. Aber erst einmal in die Stadt –

Wozu sind wir da? Immer wieder hat Vonnegut sich diese Frage gestellt. An seine schönste Antwort muss ich denken, als ich in Dresden aussteige: *Um uns gegenseitig durch diese Sache hindurchzuhelfen, was immer diese Sache sein mag.*

Whatever it may be.

NACHBEMERKUNG

Bei dem vorliegenden Text handelt es sich um eine Art biographischer Collage, *faction*; alle Details um Ida Kästner, Kurt Vonnegut und den Feuersturm sind recherchiert, deshalb finden sich im Folgenden auch einige der wichtigsten Quellen verzeichnet. Der Ich-Erzähler hingegen hat nur entfernt mit dem Verfasser zu tun.

Ida Kästners Briefkonvolut war im Besitz von Elfriede Mechnig (1901–1986), wurde von ihr zu Lebzeiten verschenkt und im März 2014 auf einer Auktion der Koller Auktionen AG in Zürich angeboten (Nr. 168/2B). Das Deutsche Literaturarchiv Marbach, als Verwalter des Nachlasses von Erich Kästner, hat es erworben; eine erste Vorstellung erfolgte durch Durs Grünbein und Ulrich von Bülow in der Marbacher »Zeitkapsel«-Reihe im Februar 2015. Florian Kayser transkribierte in Zusammenarbeit mit Ansgar Snethlage das ganze Konvolut für die Ausstellung *Schlachthof 5. Dresdens Zerstörung in literarischen Zeugnissen*, die im Dresdner Militärhistorischen Museum vom 6. Februar bis 12. Mai 2015 gezeigt wurde. Einige Proben wurden im Ausstellungskatalog gedruckt. Für den vorliegenden Band hat Nina Ort die Transkription durchgesehen und hie und da ergänzt.

Die Revue *Parole Kästner!* am Dresdner Staatsschauspiel stammt von Jan-Christoph Gockel (Regie) und Julia Weinreich (Dramaturgie), der erwachsene Hauptdarsteller ist Matthias Reichwald. Die Kinder werden alternierend gespielt von Nick Baumann, Richard Beck, Ole Fiebig, Götje Hansen, Konrad Neidhardt, Moritz Rogner, Karoline Schmidt, Mira Fanny Weinhold, Eva Lotta Wuttke und Darya Zaretskaya.

Der Verfasser dankt Tim Jung, durch dessen Begeisterungsfähigkeit die Idee zu diesem Buch tatsächlich zu einem Buch geworden ist, und den beiden genauen Lektoren Angela Volknant und Sebastian Peters. Für ganz verschiedene Hilfestellungen und Hinweise danke ich Manfred Arppe, Sylvia und Peter Beisler, Marie-Lena Faig, Wilhelm Haefs, Danilo Hommel, Nina Ort, Thomas Raithel, Mechtild Schaeper und Laura Schütz. Vor allem danke ich meiner Erstleserin Kerstin Dötsch, dafür und für alles andere ...

QUELLEN
(TO CONTINUE READING)

Massimo Livi Bacci: Kurze Geschichte der Migration. Aus dem Italienischen von Marianne Schneider. Berlin: Wagenbach 2015.

Götz Bergander: Dresden im Luftkrieg. Vorgeschichte – Zerstörung – Folgen. Weimar, Köln, Wien: Böhlau 1994.

Heidrun Hannusch: Like Dresden. Wie Dresden '45 zur Marke wurde – ein Einwurf. In: Schlachthof 5. Dresdens Zerstörung in literarischen Zeugnissen. Eine Ausstellung zum 13. Februar 1945, hg. von Gorch Pieken, Matthias Rogg und Ansgar Snethlage. Dresden: Sandstein 2015, S. 105–113.

Erich Kästner: Mein liebes, gutes Muttchen, Du! Dein oller Junge. Briefe und Postkarten aus 30 Jahren. Ausgewählt und eingeleitet von Luiselotte Enderle. Hamburg: Albrecht Knaus 1981.

–: Der tägliche Kram. Chansons und Prosa 1945–1948. Zürich: Atrium 2013.

–: Als ich ein kleiner Junge war. Zürich: Atrium Verlag 2016.

–: Das Blaue Buch. Geheimes Kriegstagebuch 1941–1945. Hg. von Sven Hanuschek in Zusammenarbeit mit Ulrich von Bülow und Silke Becker. Aus der Gabelsbergerschen Kurzschrift übertragen von Herbert Tauer. Zürich: Atrium 2018.

Walter Kempowski: Der rote Hahn. Dresden im Februar 1945. München: btb 2001.

Gorch Pieken, Matthias Rogg, Ansgar Snethlage (Hg.): Schlachthof 5. Dresdens Zerstörung in literarischen Zeugnissen. Eine Ausstellung zum 13. Februar 1945. Dresden: Sandstein 2015.

Denis Scheck: Kurt Vonnegut. Berlin, München: Deutscher Kunstverlag 2014.

Charles J. Shields: And so it goes. Kurt Vonnegut: A life. New York: St. Martin's Griffin 2012.

Holger Starke: Vom Werkstättenareal zum Industriegelände. In: Dresdner Geschichtsbuch 5. Hg. Stadtmuseum Dresden, Redaktion Friedrich Reichert. Altenburg: DZA Verlag für Kultur und Wissenschaft 1999, S. 150–198.

Erwin E. Szpek, Jr., Frank J. Idzikowski: Shadows of Slaughterhouse Five. Recollections and Reflections of the American Ex-POWs of Schlachthof Fünf, hg. von Heidi M. Szpek. New York, Bloomington: iUniverse, Inc. 2008.

Frederick Taylor: Dresden. Dienstag, 13. Februar 1945. Aus dem Englischen von Friedrich Griese. München 2004.

Kurt Vonnegut: Gott segne Sie, Mr. Rosewater. Roman. Aus dem Amerikanischen übertragen von Joachim Seyppel. Reinbek bei Hamburg: Rowohlt 1974.

– : Mutter Nacht. Roman. Aus dem Amerikanischen von Klaus Hoffer. München, Zürich: Piper 1988.

– : Breakfast of Champions. Frühstück für Helden. Roman. Mit Zeichnungen des Autors. Aus dem Amerikanischen von Kurt Heinrich Hansen. München: Goldmann Verlag 1989.

– : Das Nudelwerk. Reden · Reportagen · Kurze Texte (1965–1980). Aus dem Amerikanischen von Klaus Birkenhauer. Straelen: Straelener Manuskripte Verlag 1992.

– : Mann ohne Land. Aus dem amerikanischen Englisch von Harry Rowohlt. München und Zürich: Pendo 2006.

– : Novels & Stories 1963–1973. Cat's Cradle. God Bless You, Mr. Rosewater. Slaughterhouse-Five. Breakfast of Champions. Stories. Sidney Offit, editor. New York: The Library of America 2011.

– : Letters. Edited and with an Introduction by Dan Wakefield. New York: Delacorte Press 2012.

– : Schlachthof 5 oder Der Kinderkreuzzug. Ein Pflichttanz mit dem Tod. Aus dem amerikanischen Englisch von Gregor Hens. Hamburg: Hoffmann und Campe 2016.

BILDNACHWEIS

ANHANG

Postkarten und Briefe von Ida Kästner

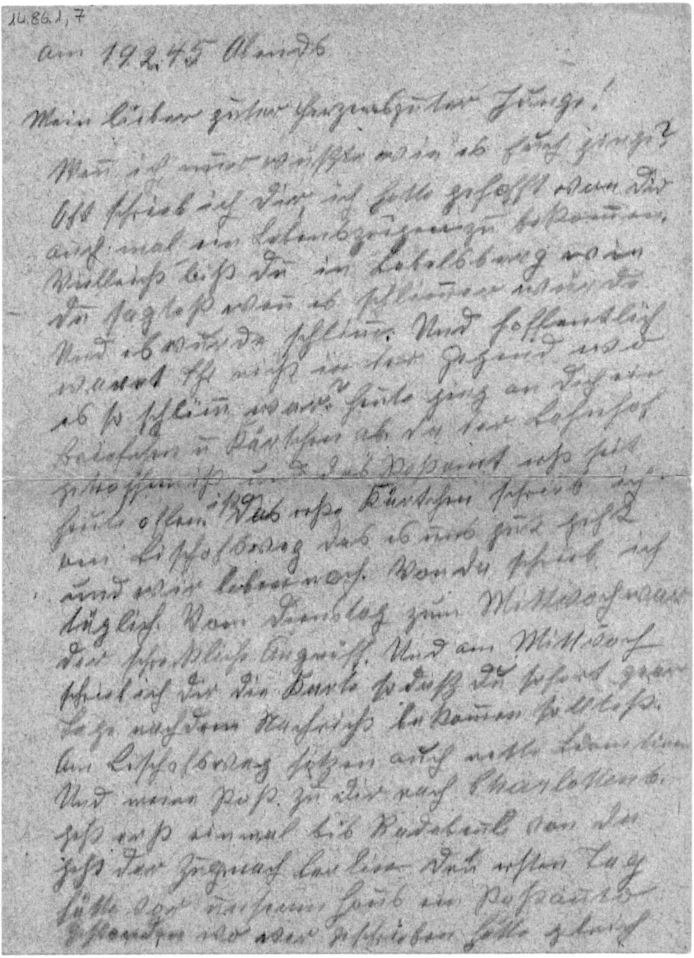
14.86.1,7

am 19.2.45 Abends

Mein lieber guter herzensguter Junge!

Brief vom 19.2.45

am 19.2.45 Abends
Mein lieber guter herzensguter Junge!
Wenn ich nur wüsste wie es Euch ginge? Oft schrieb ich
Dir, ich hatte gehofft von Dir auch mal ein Lebenszeug-
nis zu bekommen. Vielleicht bist du in Babelsberg wie
du sagtest wenn es schlimmer würde Und es wurde
schlimm. Und hoffentlich waret Ihr nicht in der Gegend
wo es so schlimm war? Heute ging an dich ein Briefchen u. Kärtchen ab. Da der Bahnhof getroffen ist und
das Postamt erst seit heute offen ist. Das erste Kärtchen
schrieb ich am Bischofsweg das es uns gut geht und wir
leben noch. Von da schrieb ich täglich. Vom Dienstag
zum Mittwoch war der schreckliche Angriff. Und am
Mittwoch schrieb ich dir die Karte so daß du sofort zum
Tage noch die Nachricht bekommen solltest. Am Bischofsweg sitzen auch nette Beamtinnen Und meine
Post zu dir nach Charlottenb. geht erst einmal bis Radebeul von da geht der Zug nach Berlin. Den ersten Tag
hätte vor unserem Haus ein Postauto gestanden wo wir
geschrieben hätten gleich

da hinein werfen konnten. Fr. Günther hat mir es aber nicht gesagt. Aber ich schrieb gleich denselben Tag am Bischofsweg das kurze Kärtchen dann zwei Briefe damit du ja ganz schnell informiert sein solltest. In der Stadt sind auch etliche Häuser getroffen. Bei uns auf der Straße auch zwei Häuser weg. In unserem hier nur etliche Brandbomben. Sehr dumm ist, daß das Gas nicht brennt und kein Wasser da ist. So mussten die Bewohner alle eine Nacht gehen um holen zu können. Tantes Villa weg voll ausgebombt. Arthur alles weg. Auch [...] alles verloren. Gerhardt von Kaditz war heute da sucht Lottchen, seine Frau, welche auf der Großenhainerstraße im Contor arbeitete und ist nicht zu finden, da die Fabrik abgebrannt ist. Ist das nicht [furcht]bar. Das würde mir furchtbar leid tun. Naumanns Richard seine Fabrik auch weg. Vor mir stehen 4 Bilder von dir. Wenn ich nur mit ihnen sprechen könnte. Mein herzensguter Junge hoffentl. bekomme ich recht bald Bescheid u. Lo. antwortete mir auch nicht Nach Leipzig schrieb ich auch der Brief und eine Karte ging gestern an L[ottchens] [Eltern] ab. Hoffentlich bekomme ich da Nachricht. Wenn ich nur recht bald Bescheid bekomme wie es Euch geht. Und Dein Geburtstag in paar Tagen. Da hoffte

rechter Rand:
ich nun gehofft du könntest in den Tagen ankommen

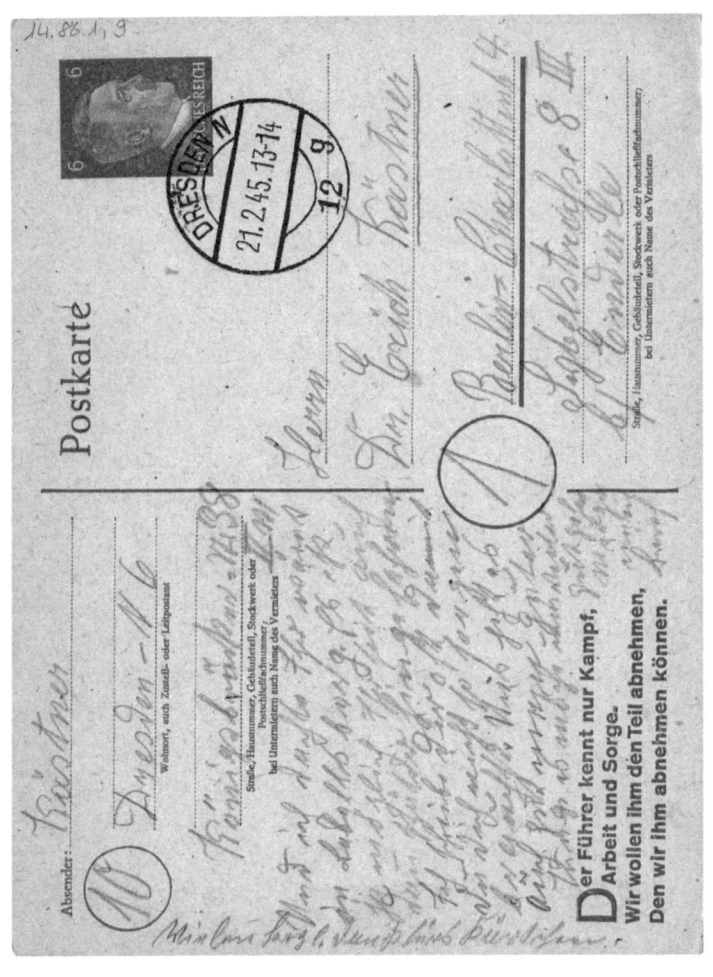

Postkarte vom 21.2.45

ADRESSSEITE:

rechts:
Herrn
Dr. Erich Kästner
1 Berlin=Charlottenb. 4
Sybelstraße 8 III
b/Enderle

links:
Kästner
10 Dresden – N 6
Königsbrücker=Str. 38 II M
Und ich dachte Ihr wäret in Babelsberg. Es ist ja möglich Ihr seid auch dann später hingefahren Ich schreibe Dir oft damit Du dich nicht so sorgen brauchst. Uns geht es auch gut mein guter Junge es möge uns weiter gut gehen morgen einen Brief

linker RandVielen herzl. Dank fürs Kärtchen

21.2.45
Behüt Euch Gott! Immer immer auf allen Wegen lieber
guter herzensguter
→ Gestern 2x im Keller ←
Junge. Heute früh brachte mir
→ Vor Sorge bekam ich ein Schmerz i Knie ←
Papa ein Kärtchen und ich freute mich sehr. Aber sie
war vom 4.2. Da war sie aber lange zuvor vor dem
schrecklich großen Angriff. Gestern Abend ging d
Schußradar nicht da waren sie früher wieder in Berlin.
Und ich habe sooo große Sorge um Euch wenn doch
nicht bald von später Nachricht kommen wollte denn
ich weiß doch du schreibst wenn du kannst. Aber Mar-
kus den ihr kennd ist auch in Berlin bei der Flak da ist
von letzter Zeit auch noch nichts angekommen. Viel
Stadtbahn ist kaputt

linker Rand:
Mein herzensguter Junge. Millionenfaches Aller-Aller-
bestes/wünscht Dir dein olles treues Muttchen u. Papa

oben:
Mein lieber guter Junge [...]
Und auch tausende liebe herzliche Gr v d tr Muttchen

24. 2. 45

daß Du mich Dann Berliner Zug wieder
bb geben wird weniger Wir danken
danken Gott es Kein Nachricht und
ich kann gute Nachricht haben.

Bleibe immer gesund mein Herzensgutes
Jelange. Und behüt dich Gott auch weiter
hin auf allen deinen Lebenswegen
Und ich bringe hin auf dem Postamt
Lichtenberg. Und mein Herzens jeder
Junge Millionenfach Allerallerbestes
wünscht Dir von ganzem Herzen Deine
allerbestes treues Mütterchen u Papa

Und viele, viele tausende liebe herzlichste
Grüße von Deinem piecer treuen Mütterchen
Schreib Karl bald wieder Post von Dir
mein guter Junge, Frannelies sollte ihre
Tochter nach Baden-Baden zu sollen wieß Dir
kosten welche noch oder Hans Mein Brief
wird wahrscheinlich erst Nachmittag mit
Dag gehen. Aber die Feldkarte schreib noch
Dan noch nicht da der weiß ich gewiß

Mein lieber guter herzensguter Junge!

Gott sei Dank heute kamen die Kärtchen vom 9.2. 10.2 14.2 zweites vom 14.2 u 15.2 Gestern kam eine Karte von u. Lo vom 14.2. wo sie schrieb gestern war der Dichter bei mir seine Kartoffelkarte zu holen demnach war das am 13.2. das war für mich ein Glückstag mein herzensguter Junge. Denn da wußte ich es geht Dir gut. Gestern Abend waren wir im Keller da der Dschls. [Deutschlandsender] nicht ging da waren sie wahrscheinlich wieder drüben Von ½ 8 – ½ 9 unten. Wenn das doch aufhörn wollte damit die Menschheit Ruhe bekäme. Nun mein guter Junge seid ja recht vorsichtig Wie hier im Radio gesagt wurde wurde in Berlin waren sie in der Innenstadt war mir ganz elend. Aber du gehst doch jetzt nicht in die Mitte der Stadt. Das Paket möchte nun bald da sein. Die schöne Wäsche und die sieben schönen Taschentücher weg wären wäre ein Jammer Leichte Oberhemden sind ja noch hier. Aber Taschentücher nur ein paar noch. Mein guter Junge ich denke doch sie lassen Ruhe denn hier ist in der Innenstadt auch nichts mehr da. Dreikönigskirche ausgebrannt

In die Mitte der Stadt gehe ich jetzt nicht Ob Müller u.
[...] noch steht ist auch fraglich. Ja Kräftigungsmittel
bekam ich. Wenn es alle ist, bekomme ich wenn sie
noch welches haben, hoffentl. wieder Ob [...] noch da
ist möchte ich wissen denn der Malzextrakt rappelte
mich doch etwas auf. Ja mein Junge wir hatten zwar
Tags gar kein Licht u. Wasser da hat ja Papa geschleppt.
Nun zum Kärtchen vom 10. 2. das Lottchen müde ist
wundert mich gar nicht steht den die Uhr noch Babelsberg? Seit Ihr noch auf der Sybelstraße? Sonst könnte
ich ja Post an u Los Adresse schicken Ach ich bin so
glücklich das von meinem guten Jungen nun Post da ist.
Mein Brief u. Karte vom 4 das Briefchen v. 11.2 ein Briefchen vom 9. Mein mein guter Junge heute ist es die erste
Post welche ankam. Herzlichsten Dank mein herzensguter Junge. So bald der Dschls. weg ist gehen wir im
Keller. Und Grüttners [?] sagen [...] wenn der Leipziger
weg ist es ist dicke Luft los hinunter. Sorge dich nicht
mein herzensguter Junge uns geht es gut. Nach dem
ersten Angriff schrieb ich Dir eine

Eilkarte wir sind gesund u. leben noch. Mein guter Junge sorge dich nicht so sehr wir passen gut auf. Tantes Villa ist vom Erdboden verschwunden Und Tante u. Frieda in die Nähe von Chemnitz gefahren. Depeschen schicken geht wohl auch nicht Das wollte ich am Bahnhof So sagte die blonde am Schalter die gingen länger als Briefe. Es geht uns Gott sei dank sehr gut. Am 15.2. ists ein Jahr gewesen das deine Wohnung weg ist. Vom 14 2 Karte
Mein herzensguter Junge täglich schrieb ich dir nach dem Angriff. Unsre Wohnung außer den Fenstern ist ganz heil geblieben. Sehr schön das Ihr noch Kartoffeln habt. Eine Schlepperei war das für dich mein guter Junge wenn du noch Karten hast wo der Führer kennt nur Kampf streich das ja nicht durch. Nun zum Kärtchen vom 15.2 Mein guter Junge ich schrieb dir sofort das Haus steht noch. Das an der Ecke der Lößnitzstraße weg. Der Bahnhof ist getroffen hoffentl. bekommst du meinen Glückwunsch-Brief zu Deinem Geburts mit der Ansichtskarte vom Dom, welche Du so schön gezeichnet hattest. Ach wer von Berlin weg kann fährt bis Radebeul Ost. Ob dann die Elektrische geht weiß ich nicht. Die Post von hier geht bis Radebeul
Ich habe gestern in der Auskunft

von da mit dem Berliner Zug weiter. Es gehen nur weniger. Wir danken danken Gott es kam Nachricht und ich kann gute Nachricht geben. Bleibe immer gesund mein herzensguter Junge. Und behüte dich Gott auch weiterhin auf alle deinen Lebenswegen. Und ich bringe sie nach dem Postamt Bischoffsweg. Und mein herzensguter Junge Millionenfaches Aller=Allerbestes wünscht dir von ganzen Herzen Dein altes trautes Muttchen und Papa. Und viele, viele tausende liebe herzlichste Grüße von deinem soooo treuen Muttchen hoffentl. kommt bald wieder Post von dir mein guter Junge. [...] holte ihre Tochter nach Radebeul. Da sollen wir die Kohlen welche noch oben sind. Mein Brief wird wahrscheinlich erst Nachmittag mit weg gehen. Aber die Eilkarte gleich nach dem noch nicht da verstehe ich garnicht

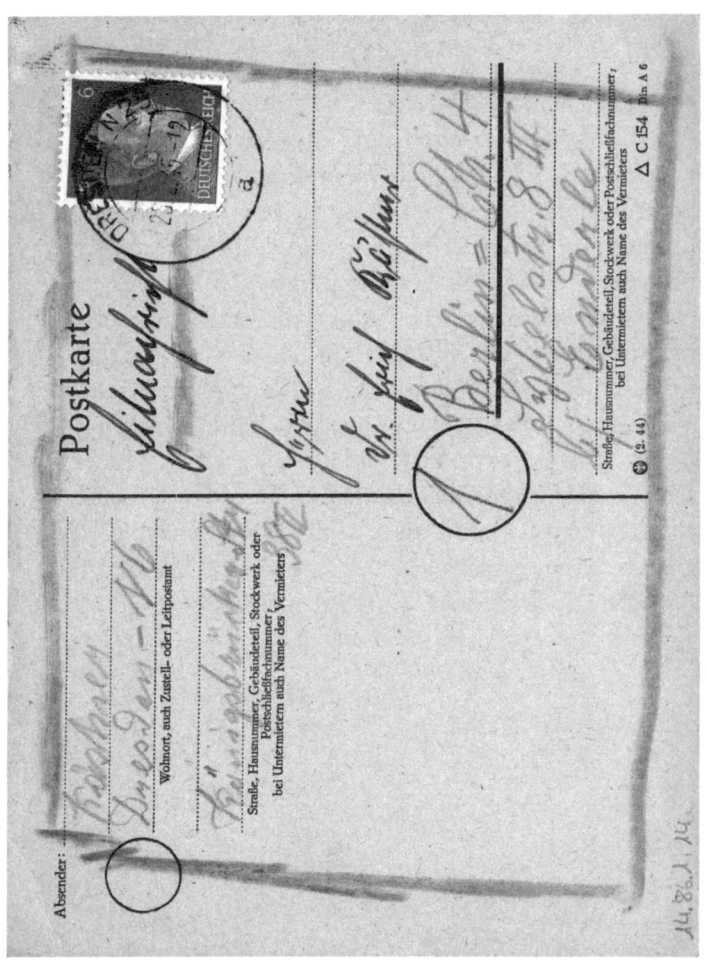

Postkarte vom 26.2.45

26. 2. 45

Mein liebster herzensguter
Junge!

Und geht es euch gut
heut u. Wohnung
[...] noch auf das.
[...] dir noch gut geht
mein guter Junge
[...] liebende liebe
herzlichste [...] der
[...] Mutter
u. Papa Milli [...]
[...] Aller beste [...]
[...]

123

links: rechts:
Kästner   Eilnachricht
Dresden-N6   Herrn
Königsbrücker Str. 38/II   Dr. Erich Kästner
                                1 Berlin=Chb. 4
                                Sybelstr. 8 III
                                b/Enderle

26.2.45
Mein lieber herzensguter Junge!
Uns geht es recht gut Haus u Wohnung steht noch. Auf
das es Dir recht gut geht mein guter Junge Viele tausende liebe herzlichste Grüße von deinem treuen Muttchen u. Papa Millionenfaches Aller=Allerbestes wünscht
dir dein treues Muttchen

rechter Rand:
der Kurier war nicht da

oben:
Depeschen werden von hier nicht angenommen

linker Rand:
Tante Lina Villa ganz weg.

Sven Hanuschek, geboren 1964, Germanist und Publizist, gilt als international führender Kästner-Experte und hat u. a. Erich Kästners *Der Gang vor die Hunde* (Atrium, 2013), den Erzählungsband *Der Herr aus Glas* (Atrium, 2015) sowie Kästners geheimes Kriegstagebuch *Das Blaue Buch* (Atrium, 2018) neu herausgegeben. Er veröffentlichte u. a. Biographien über Erich Kästner (1999), Elias Canetti (2005) und *Laurel & Hardy. Eine Revision* (2010).

Die Zitate aus *Schlachthof 5* folgen der Übersetzung
von Gregor Hens, © Hoffmann und Campe Verlag.
Zitate aus Vonneguts Briefen wurden vom Autor übersetzt.
Ida Kästners Briefe befinden sich im Erich Kästner Nachlass
im Deutschen Literaturarchiv Marbach, © Nachlass Luiselotte
Enderle, RA Beisler, mit freundlicher Genehmigung.

Transkription der Briefe und Postkarten Ida Kästners:
Florian Kayser in Zusammenarbeit mit Ansgar Snethlage/
Militärhistorisches Museum der Bundeswehr (MHM), Dresden,
Ergänzungen von Nina Ort

Originalausgabe
1. Auflage 2018
© by Atrium Verlag AG, Zürich 2018

Umschlaggestaltung: Herr K | Jan Kermes, Leipzig,
unter Verwendung eines Fotos von
© SLUB/Deutsche Fotothek/Hahn, Walter
Satz: Gaby Michel, Hamburg
Druck und Bindung: GGP Media GmbH, Pößneck
Printed in Germany
ISBN 978-3-85535-034-6

www.atrium-verlag.com